LES
APHRODITES
OU
FRAGMENS
THALI-PRIAPIQUES.

LES APHRODITES.

AH! QU'ON EST FOU!

PREMIER FRAGMENT.

Sir Henri, cet Anglais mélancolique si sottement idolâtre d'une femme de cire & contre le ridicule duquel on sait qu'il se prépare une si bisarre mystification; cet extravagant, disons-nous, n'est pas un personnage fort désirable: N'importe, la petite Comtesse de Mottenfeu se trouvait offensée de ce que ce voisin n'avait pas eu la moindre idée de lui demander ses faveurs. Un homme, qui la croit enfin Magicienne, sempiternelle & l'arbitre de ce qui l'intéresse le plus au monde, c'est-à-dire, du retour de sa chere Zéphirine à la vie! La Comtesse, folle à sa maniere, disait un jour à Célestine: ,, Si ce *band'-à-l'aise*, qui trouve pourtant très doux de lasser par fois la mainotte d'une camillonne à le *branler*, (*a*) & que j'ai bien pris la peine de *branler* moi-même, ne se *met pas à tous devoirs*, s'il ne s'avise pas de me proposer de mêler à mes *sublimes élémens* les siens de *l'espece la plus crasse*, (c'est du moins ce qu'il doit imaginer) je déploie enfin toute la rigueur de mon espiéglerie & lui fais payer cher le prodige qu'il attend de mon pouvoir. „ En réponse, Célestine, faisant violence à son amour propre, avait raconté l'impertinence que peu de jours auparavant le Baronnet lui avait faite. ═ Oh ! s'il est de cette force en balourdise & en grossiereté, belle Célestine, (avait riposté Mad. de Mottenfeu) je ne dois m'étonner de rien, moi, qui n'ai ni ta jeunesse, ni tes formes, ni ta fraîcheur. Mais, c'est une raison de plus pour que je persécute sans pitié le sot Anglais, puisque j'en ai l'occasion sous la main. J'inglobe donc ton injure dans la mienne, & le *pisse-froid* (plus fait, comme il le prouve, pour les morts que pour les vivans) trouvera, je te jure, à qui parler lorsque nous jouerons notre piece. ═

Cette maligne conversation se tenait le

───────────────

(*a*) Entre amies aussi intimes que ces interlocutrices, il n'y a point de *façons*, & chaque chose est tout uniment nommée.

troisieme jour de la neuvaine ridicule où (si l'on s'en souvient) (*a*) la Comtesse faisait *découler*, de chez le Baronnet, *cette essence de vie nécessaire*, disait-elle, *au plein succès du miraculeux enchantement*. Nous avons dit que la neuvaine allait finir; que Zéphirine avait été secretement introduite dans l'hospice; que, d'ailleurs, il n'y avait plus un moment à perdre, à moins qu'on ne la laissât accoucher... Et cependant, à cette époque, le Baronnet n'avait rien encore proposé à sa future bienfaitrice. Hélas! le pauvre diable en avait peut-être bien assez, après la contribution quotidienne qu'on exigeait de lui. A la bonne heure: Mais il semblait à la vaine petite Comtesse que l'Anglais, s'il était né galant, aurait choisi de fournir cette contribution par un procédé moins étranger, moins factice, plus flatteur pour une femme; & que, sauf à réaliser dans une phiole, il devait à bon compte s'électriser ailleurs. = *N'est ce pas, Célestine, qu'un Français aurait cette galanterie ?* = Celestine, rancuniere un peu contre le Baronnet, n'avait pas manqué de répondre: *assurément*: En conséquence, tout le tems qui suivit ce menaçant entretien,

---

(*a*) Voyez Page 21 du précédent Numéro.

fut employé à combiner comment on pourrait le mieux tourmenter notre maniaque. Le denouement de la myftification devait avoir lieu le furlendemain du jour où Zéphirine était arrivée; où la Comteffe, encore, avait fait avec elle ce déjeûner voluptueux, fuivi de fi vigoureufes proueffes avec Dom Ribaudin ci-devant moine, devenu Capitaine de grenadiers de la garde nationale. (a)

Deux jours après: Au Jardin anglais: à la brune.

CELESTINE, SIR HENRI.

SIR HENRI (*en marchant.*)

....En un mot, belle Céleftine, j'étais heureux dans mon malheur: mais depuis que j'ai fait cette funefte connaiffance, j'éprouve tous les chagrins, tous les déchiremens imaginables. Ainfi, j'ai pris mon parti: Bien convaincu que la prétendue Magicienne n'eft qu'une fourbe, cruelle autant qu'audacieufe; bien perfuadé que nul miracle ne peut rendre la vie à l'être qu'il a plu au Sort d'en priver; je m'éloigne, & dès demain je

---

(a) Voyez Page 34 du précédent Numéro.

fors de ces lieux, où je me flattais pourtant d'avoir trouvé le degré de consolation & de jouissances auxquelles il m'était encore permis d'aspirer. (*Il est ému jusqu'aux larmes.*)

CELESTINE.

Tu ferais une insigne sottise, mon cher Henri : Sois bien certain que la colere de Nécrarque (*a*) te poursuivrait partout; qu'indignée d'un doute de ta part, au moment même où il s'agit d'éprouver la réalité de sa toute-puissance, elle la signalerait sur toi par tous les fléaux familiers à son art, dont, moi, je ne doute nullement...

SIR HENRI, *avec vivacité.*

Désabusez-vous, Mademoiselle : cette femme nous jouait, vous & moi. Sans cela, m'éviterait-elle, comme elle fait depuis ce matin, après être venue troubler, sur la fin de la nuit, le plus doux sommeil, sous prétexte d'avancer cette burlesque opération, à laquelle j'ai eu la sottise de me soumettre pendant neuf jours ?...

CELESTINE.

Tout-à-l'heure : je vous expliquerai cette conduite....

(*a*) NÉCRARQUE : Nom que la Comtesse se donnait dans sa Comédie. Il dérive du Grec & signifie *qui regne sur les Morts.*

SIR HENRI, *s'animant davantage.*

Et la preſtigiatrice m'aurait-elle, de plus loin, annoncé *qu'un nœud, qu'elle ne pouvait deviner encore, mais qu'elle ſe croyait pourtant à-peu-près ſure de trancher dès qu'elle l'aurait découvert, arrêtait court le ſuccès de ſes prétendus enchantemens?* Quelle pitoyable défaite! Quelle maladroite juſtification de ſa conduite à mon égard, qui dès lors n'eſt plus qu'une inſultante raillerie!...

Ces derniers mots ont été dits au tournant d'un ſentier-tortueux du boſquet. En même tems une lettre, qui ſemble s'élancer d'elle même hors d'une touffe de feuillage, tombe aux pieds de Sir Henri. — Il ne fait pas encore aſſez obſcur pour que l'Anglais ne puiſſe lire. A la vue des caracteres de la ſuſcription il pouſſe un cri d'étonnement...

CELESTINE, *feignant elle-même une extrême ſurpriſe.*
Que vous arrive t-il donc?

SIR HENRI.
(*Tremblant, mais ne pouvant s'empêcher de baiſer pluſieurs fois la lettre*) C'eſt d'elle, oui, Céleſtine: c'eſt de ma Divinité. (*il lit tout bas, ſe trouble, parait d'abord accablé & bientôt au déſeſpoir.*)

CELESTINE.

Puis je voir cette lettre?

SIR HENRI, *la lui donnant.*

Lifez. (*Il fanglote, la tête appuyée contre un jeune arbre, dont le tronc partage l'agitation extrême du Baronnet.*)

CELESTINE, *héfitant.*

Je ne fais trop pourtant fi l'on peut fe fier à ce qui vient de chez Meffieurs les Morts : mais la curiofité de mon fexe... (*elle prend la feuille en affectant toute les précautions & la légéreté de tact imaginables.*—) Certes ! on n'apprend pas dans l'autre monde à bien peindre, fi l'on s'y fert d'auffi joli papier que chez nous. (*Elle lit avec quelque difficulté.*) ,, Ingrat ! ne t'en prends qu'à toi- ,, même, fi les bienfaifans efforts de notre ,, Souveraine...,, (*s'interrompant*). Vous voyez, Monfieur?... (*Elle reprend*). ,, Si les ,, bienfaifans efforts de notre Souveraine ,, ne peuvent rompre les liens qui me re- ,, tiennent où je fuis. Toi feul, par de ma- ,, térielles & trop fréquentes communica- ,, tions avec des êtres étrangers à ta Zéphi- ,, rine, (*a*) as détourné la direction de no-

---

(*a*) On avait arraché au Baronnet l'aveu d'avoir, en différens lieux, fatisfait les mêmes caprices qu'on fait le diftraire dans fon féjour actuel : mais le tout en dirigeant conftamment fes intentions vers l'ado-

» tre aimant. Tandis que depuis je fuis
» évoquée, je t'ai cherché fans ceffe, tu
» femblais me repouffer ; ton intermittente
» paffion s'eft trop encraffée des ordures de
» la brutale humanité, pour que notre *amal-*
» *game* ait pu demeurer facile... ,, — (*s'interrompant*) Le ftyle des enfers eft diable-
ment myftique ! — (*elle pourfuit.*) ,, Ce
» n'eft donc plus à moi de remonter dans
» le féjour d'exil où tu t'es menagé de grof-
» fiers dédommagemens : fi tu veux qu'une
» nouvelle exiftence nous réuniffe encore,
» c'eft à toi de te dépouiller de tes élemens
» impurs. Viens alors confondre, avec ce
» qui refte de mon être, l'immatériel réfidu
» du tien : ofe, ou renonce à m'agiter &
» à me faire éprouver, dans le paifible Ely-
» fée, les feules difgraces, auxquelles mon
» *entéléchie* foit demeurée fujette, jufqu'à
» ce que toi, qui fais encore partie de moi-
» même, ceffes de refpirer... ,, Ouf! la pro-

---

rée *Momie*. Il avait même effayé, par occafion, en Italie, d'un culte abfolument étranger & qui lui femblait devoir caractérifer encore mieux fon excluſive paffion pour l'objet fi tendrement regretté. Mais cette groffiere erreur ne l'avait féduit qu'un moment : pouvait-elle gangrener un cœur fufceptible d'*amour véritable* dont l'immuable bafe eft *la fimple nature*, fans aucune modification !

position est saugrenue... En tous cas, mon cher Henri, tu vois qu'il n'y a pas de la faute de qui tu sais? J'espere que maintenant tu ne lui refuses plus la justice... Mais fais-moi donc l'honneur de m'écouter....
(*Elle va le tirailler & veut l'arracher à son arbre.*)

Sir Henri.

Laissez-moi, Mademoiselle... vous êtes aussi l'une des causes de mon irréparable malheur.

Celestine.

Bien obligé. Monsieur s'en prend à moi!... il est joli celui-là!

Sir Henri.

Pardonnez à ma franchise.... à ma douleur...

Celestine, *feignant du courroux.*

Tenez donc: reprenez votre beau présent de l'enfer... & gouvernez-vous désormais comme bon vous semblera. Je vous donne le bonsoir... (*elle fait quelques pas.*)

Sir Henri, *vivement.*

Belle Célestine? un mot, de grace.

Celestine.

Que me voulez-vous? (*Elle s'arrête.*)

Sir Henri, *avec oppression.*

Je ne sais... j'ai la tête perdue... si j'avais pu du moins entretenir un moment de ce qui m'arrive... celle...

CELESTINE, *revenant.*

Celle... que vous n'ofez nommer, tant vous avez de honte fans doute de l'avoir fi fottement outragée... Eh bien ?...

SIR HENRI.

Si, par votre entremife, il y avait moyen...

CELESTINE, *avec quelque amitié.*

Pourquoi n'être qu'un fou, qui ne fouffrez pas qu'on vous parle ; & qui vous mettez d'avance en travers de tout ce qu'on pourrait effayer pour vous fervir dans votre inimaginable pofition ?

SIR HENRI.

Eh bien, j'ai mille torts ; je les confeffe ; je m'en repens. Un remede, à préfent ?

CELESTINE.

Je vous l'aurais fourni : c'était mon objet quand nous avons commencé cette promenade...

SIR HENRI.

Je vais vous écouter comme une amie, comme la protectrice de mon plus cher intérêt. (*Il lui baife la main avec fentiment.*)

CELESTINE.

Tu fauras donc, mon pauvre Henri, que Nécrarque, fi mal-à-propos accufée, fait au contraire tout pour le mieux à ton égard. Mais elle-même, hélas ! n'exifte pas impunément fur cette petite boule condamnée à mille fortes de malheurs. Malgré fes étonnans privileges, accordés par la nature, ou acquis par un art sublimé, Nécrarque, un jour de chaque Lune, dès que pointe le crépuscule du jour, se fond, perd la forme plus ou moins agréable qu'il lui avait plu de revêtir & devient... ce qu'il est naturel que soit une femme qui vit depuis tant de siecles. Dans cet état, elle est privée de ses immenses pouvoirs jusqu'à la nuit. Il s'agit alors, pour elle, de savoir si la force des talismans dont elle a grand soin de se surcharger pendant ces sortes de crises, ne cessera pas de prévaloir sur l'ordre naturel, qui veut qu'*enfin s'éteigne notre débile flamèche*... C'est ainsi que Nécrarque nomme certaine *ame physique* qu'elle prétend commune aux animaux quelconques, qui ont ici-bas le droit de respirer...

SIR HENRI.

Ce systême est aussi le mien, & sans doute le seul raisonnable dont on puisse emprunter quelque idée sur la nature de notre être...

CELESTINE.

Laissons les commentaires. — Sur ce pied, douze ou treize fois par an, notre Fée risque de *finir*. C'est aujourd'hui l'un de ses jours dangereux. C'est pour cela que si matin elle est venue troubler ton sommeil, voulant remplir une derniere formalité, nécesfaire au complément de ſes incantations, dont la chance ſera décidée cette nuit...

SIR HENRI.

Quel choix ! Pourquoi mettre de la ſorte au haſard d'un événement perſonnel, & qui peut être funeſte, celui d'où dépend infailliblement ma félicité ſuprême, ou ma mort ?

CELESTINE.

Parce que le moment où elle renaît, (toujours probable pour elle dans la proportion d'un ſommeil ordinaire avec le réveil)... parceque, ce moment, dis je, eſt celui où elle jouit de toute ſa puiſſance au plus éminent degré...

SIR HENRI.

Qu'entends-je !... J'étais donc complettement injuſte...

CELESTINE.

Et même abſurde, comme le ſont, ſans exception, Meſſieurs les eſprits-forts, les penſeurs, les ſoi-diſant Philoſophes, qui ont l'orgueil de vouloir circonſcrire ce qu'ils ne peuvent comprendre, dans les bornes étroites de leur ridicule incrédulité.

Le lecteur intelligent ne peut ſe méprendre au *pourquoi* de cette ſcene. Il eſt évident qu'avant de frapper les grands coups, il s'agit de pouſſer au dernier degré de crédulité l'imagination égarée de cet homme à-peu-près fou, dont on a résolu de rire au sein de la plus badine société... C'est pour ajouter à l'égarement du Baronnet que Célestine a joué le rôle d'*indiscrete confidente du côté faible de notre Magicienne*. Pour mettre le comble à l'ingannation, Célestine a conduit, comme par hasard, l'Anglais tout près du pavillon où loge la Comtesse. Pour lors, c'est fort naturellement que, l'appartement étant au rez-de-chaussée, une femme, (un être curieux par conséquent) regarde à travers d'une croisée dont le rideau n'est pas exactement tiré. A peine un coup-d'œil jetté, notre friponne recule avec une feinte frayeur & se jette contre Sir Henri, de l'air d'être vivement frappée... = Approchez-vous, (lui dit-elle tremblante) & contemplez ce que je viens de voir. = L'Anglais obéit, & voit couchée sur une espece de lit de repos l'affreuse figure d'une femme aux trois quarts nue, décharnée, ridée... (a) Le squelette vivant est coëffé d'une espece de bonnet en pain de sucre surchargé d'hiéroglyphes de diverses couleurs: Une manie-

---

(a) C'est en un mot une mendiante des environs, presque centenaire, qui joue, pour quelques écus, ce personnage, & doit représenter Nécrarque, dans l'état de crise dont Célestine a parlé.

re de scapulaire ou d'étole, passée autour du cou, rassemble (entre deux peaux jannâtres en forme de sacs (restes de vieux tetons) sept plaques triangulaires de métal : aux bras, aux jambes, sont des brasselets fermés avec des plaques à-peu près semblables. Devant ce hideux objet, est une table, sur laquelle on voit ouvert un immense *in-folio* ; d'un côté sont quelques phioles d'un verre noir, de l'autre une tête de mort. Le tout est faiblement éclairé d'une lampe à l'antique.

Sir Henri, parfaitement dupe, est plus repoussé qu'étonné de cette vision dégoûtante & sinistre : il ne peut cependant s'en arracher. Il a tout le temps de voir différens mouvemens que fait l'épouvantable vieille, comme il arrive pendant un demi-sommeil agité de songes laborieux. A peu-près au bout de cinq minutes, l'objet affreux se met sur son séant, se touche de la tête aux pieds & débouche une phiole. Aussitôt une épaisse vapeur se répand dans la pièce ; à travers ce nuage, le lumignon de la lampe n'est plus apperçu que comme un point, de lugubre rougeur. La vieille est presque imperceptible. On croit pourtant lui voir avaler le contenu de l'une des phioles : peu-à-peu la lampe s'est éteinte. Sans aucun intervalle, on entend la voix de la Comtesse qui, venant en deux sauts ouvrir la croisée, dit avec un soupir de contentement : = *C'est encore moi!* = Dès que la lumiere avait fini, Célestine & Sir Henri s'étaient éloignés de quelques pas. Il est inutile de dire que, dans ce moment aussi, le lit de repos (qui est une machine approchant de celles qu'on a vues mille fois aux Grands Danseurs, dans leurs pantomines) a escamoté la vieille & substitué Mad. de Mottenfeu. La vapeur qui se dissipe par la fenêtre ouverte, répand aux environs une odeur qui n'a rien que d'agréable. (*a*) Quelque bruit qu'on fait aux environs, (car bien du monde a le mot pour se réunir ce soir-là dans l'hospice, & déjà des couples folatres se sont dispersés pour escarmoucher dans les boudoirs des bosquets) ce bruit, disons-nous, a chassé Célestine & Sir Henri devers le logement de ce dernier.

―――――――――――――――――――

(*a*) J'entends les plus sensés des foux qui liront ces sottises, me dire : = *Ces moyens ne sont pas fort subtils.* = D'accord : mais qu'on demande à Messieurs les Martinistes, Mesméristes, illuminés, Maçons-Egyptiens, &c. si les leurs sont beaucoup plus fins. Quand il s'agit de mystifier des gens de *bonne étoffe*, les trois quarts de l'ouvrage sont faits d'avance dans leurs cervelles creuses ; avec un peu de jargon & d'adresse le mystificateur a bientôt fait le reste : car au bout du compte qui que ce soit n'est sorcier. N'importe : on voudra sans fin *lire dans l'avenir, vivre des siecles, faire de l'or,* &c. &c. &c.

Le premier objet qui frappe leurs yeux, lorsqu'ils rentrent dans le sallon, c'est une bouteille, posée au pied de la châsse de Zéphirine, sur un carreau de velours, à glands-d'or, permanent, propice aux fréquentes génuflexions du Baronnet. Au col de la bouteille, (qu'il a ramassée) se lit, sur une bande de papier : ⸺ *Ta voiture, pour venir me rejoindre.* ⸺

Quelque épris & persuadé que soit l'Anglais de la réalité de tout ce qui lui arrive, il ne mesure pas, sans un premier mouvement d'horreur, la profondeur du précipice dans lequel il lui semble ordonné qu'il s'élance : car, tout net, il s'agirait pour lui de *mourir à tout événement.* C'est jouer gros jeu sans doute. Célestine, affectant un air froid, lui en fait l'observation, sans toutefois rien conseiller, ni *pour*, ni *contre*. Ce moment cruel où la Nature doit être aux prises avec une extravagante passion, est le *point de vengeance* que la petite Comtesse avait en vue. La neutralité perfide de l'espiégle Célestine aggrave encore la perplexité de l'Anglais, en ajoutant à son irrésolution. Tandis que Célestine parle à mots coupés, ne perdant pas une des variations de la physionomie du combattu Baronnet, il tient, lui, la bouteille, tête basse, & les yeux en dessous stupidement fixés sur les

traits

traits charmans de sa postiche Zéphirine. Célestine s'est tue ; Sir Henri, qui semble revenir enfin à lui-même, après une profonde absorption, soupire & dit avec fermeté : *Je pars* : — Une voix faible riposte aussitôt : *je t'attends*. Alors, Sir Henri décoiffe courageusement la bouteille & boit à longs traits. Déjà Célestine, qui a feint d'être excessivement épouvantée du prodige, a jetté un cri perçant & s'est enfuie : son rôle finissait à ce coup de théâtre. La bouteille contenait une raisonnable dose de certain vieux vin de Hongrie, fort agréable à Sir Henri : ce breuvage est mêlé d'un puissant narcotique, qui va bientôt plonger le déterminé Baronnet dans un léthargique sommeil.

———

C'EST DE BONNE HEURE!

SECOND FRAGMENT.

Dans l'un des cabinets du Jardin anglais.

ZAIRE, LE COMMANDEUR.

ZAÏRE, (a)

Donnant au Commandeur un fougueux baiser après une seconde accolade, dans l'attitude de laquelle ils demeurent encore agencés de manière qu'il ne tient qu'à eux de procé-

---

(a) ZAÏRE DE FORTCONNIN: 17 ans: chef-d'œuvre en miniature: Brune assassine, ayant tout le coloris & la fermeté de la plus fraîche adolescence. Traits chiffonés, enchanteurs, auxquels un heureux accord & de grands yeux volcaniques donnent un air de perfection très bien soutenu par les formes merveilleuses du reste de la personne: --- Zaïre est la Nièce de certaine Eulalie, ci-devant Abbesse d'un couvent de Bernardines, & qu'on connaîtra si l'on a lu MON NOVICIAT, ou les JOIES DE LOLOTTE, très instructif & surtout très véridique ouvrage.

APHRODITES.

der sans interruption à une nouvelle jouissance. —L'heureuse reconnaissance, mon cher Francheville! qui nous aurait dit, il y a huit ans, que la morveuse avec qui tu jouais, comme avec une poupée, dans son couvent, te devrait aujourd'hui ce délicieux quart-d'heure!

LE COMMANDEUR. (*a*)

Tu veux dire qu'on n'aurait pu deviner que ce petit ange, si contrarié, serait la bienfaitrice à qui je dois ce moment, l'un des plus heureux de ma vie.

ZAÏRE, *avec un ardent baiser.*

Comme il est galant! —L'y voilà pourtant ce formidable engin, à la vue duquel je jet-

---

(*a*) LE COMMANDEUR DE LARDEMOTTE, de Malte, ci-devant le Chevalier de Francheville, l'un des personnages principaux de ce Noviciat qu'on vient de citer. Le Commandeur atteint à peine sa vingt-septième année. Il est parfaitement beau, bien fait ; & libertin à proportion de la vogue que doit avoir dans le monde un aussi surprenant mérite. Il a pourtant le malheur d'être porteur d'un des plus effrayans boutejoies de l'Ordre. N'importe : ce défaut ne l'empêche pas de s'accrocher à des *Novices* à peine formées qui par bonheur ont, du tems qui court, une intrépidité dont ne se piquaient pas autrefois les plus aguéries *Professes*. Ce sont peut-être les anciens succès de Francheville avec Lolotte qui l'ont rendu sans pitié pour la fragilité d'organes des précoces Laïs, telle que celle dont il a dans ce moment la joie d'être possesseur.

B 2

tais les hauts cris lorsque tu me le montrais, par l'ordre de ma tante, comme un instrument de supplice, quand on avait à me reprocher quelque petit tort ! voilà donc l'emploi si doux de cette redoutable *discipline*, qu'Eulalie faisait semblant d'endurer par pénitence, lorsqu'elle s'avouait coupable de quelque péché... ? Vous étiez de grands hypocrites & de francs-vauriens !

LE COMMANDEUR.

Que veux-tu ! c'est ainsi, ma petite amie, qu'on éleve la Jeunesse, au couvent surtout. Cependant ce petit conte & la peur qu'on te faisait n'étaient qu'afin que nous fussions plus à notre aise & pussions nous ébattre, toi présente, presque en t'édifiant. Tu sais maintenant comment passait son tems la brûlante Eulalie lorsque nous disparaissions, derriere le rideau de cette alcove, & procédions à ce prétendu châtiment qui faisait en effet pousser à ta tante d'équivoques soupirs dont tu avais l'enfance d'être touchée jusqu'aux larmes.

ZAÏRE.

Ah, mon cher ! si j'avais su ! j'aurais tout culbuté, tout brisé dans l'appartement, & je t'aurais bien forcé de me châtier tout de bon, au lieu de t'en tenir à la menace...

LE COMMANDEUR, *souriant*.

A neuf ans, friponne !

ZAÏRE, *gaiment.*

Il me semble, mon bon ami, que je n'en ferais pas morte... mais parlons-en encore... qui nous aurait dit qu'un jour... (*le baiser dont elle coupe cette phrase rend au Commandeur tous ses feux... il recommence à limer*) Ah, oui... oui, mon Toutou.. (*elle le seconde.*) Donnons nous-en bien pendant que nous y sommes. Réalisons de plus en plus ce brûlant sacrifice que t'a déjà cent fois offert ma brûlante imagination depuis que j'ai appris quel encens peut être agréable à ce Dieu qui me pénetre & dont tu me faisais autrefois un épouvantail.

Ce petit bavardage n'a pas empêché Zaïre de jouer des hanches à ravir. Ses *douceurs* ont encore excité l'ardeur de l'amoureux agent... ils sont bien près de la sublime crise.... Alors....

LE COMMANDEUR, *s'écrie:*
Ah, Zaïre ! quel talent à ton âge !

ZAÏRE, *après un baiser mordant.*
Dieu du plaisir ! acheve de me former..., tiens... tiens... ha ! *foutre* ! (*des coups de reins terribles*) me trouveras-tu digne assez d'un Maître tel que toi !...

LE COMMANDEUR, *hors de lui.*
O ravissement !.... modere-toi, ma petite Reine... (*ils ralentissent.*)

ZAÏRE.

Oui; filons-nous le suprême bonheur....
foutons en Dieux...

Ils ne peuvent plus proférer que des accens confus mille fois plus éloquens que les plus beaux tours de force de l'esprit académique. Le filet de la sublime volupté les a lentement enveloppés & pêchés enfin hors de la sphere des Mortels pour les faire jouir d'un avant-goût des délices surhumaines. — Après quelques momens de ce calme silencieux qui n'eſt pas la moins exquiſe maniere de jouir...

LE COMMANDEUR, *dit*.

Mais par quel hafard, ma chere petite, te trouves-tu dans Paris ? & parmi nous, ce qui me furprend bien davantage, quand tu n'es point mariée, & n'as pas l'âge requis pour qu'une célibataire foit admife à nos myſtérieuſes cérémonies ? (*a*)

ZAÏRE.

Je n'aurais pas le tems, mon cœur, de te faire ici mon Roman... (*En parlant*

(*a*) Il fallait qu'une Demoifelle eût 21 ans & fût *autorifée* par un proche parent, membre de la fociété, tout au moins par un *dignitaire* ami de la famille.

APHRODITES. 23

Zaïre dégagée s'occupe encore du superbe boute-joie toujours très éveillé; dans sa distraction elle le traite si bien qu'il ne pourra gueres s'endormir. Ce geste, pendant le discours que pourra tenir la conteuse, est fort du goût de l'archi-libertin Commandeur.)

LE COMMANDEUR.

Jette en gros un lopin à mon avide curiosité. J'apprendrai les détails chez toi, où sans doute tu voudras bien me permettre de te faire ma cour ?

ZAÏRE.

Permettre! je te l'ordonne. Tu trouveras même bon que, dès ce moment, je t'inscrive au nombre de mes plus essenciels serviteurs... & ce Monsieur aussi... (*à ces mots elle abaisse un chaud baiser sur le couronnement de sa fiere amusette.*)

LE COMMANDEUR, *à lui-même.*

Y a-t-il rien d'aimable comme cette enfant-là !... (*Ils se baisent. — Un bras mutuellement passé sur l'épaule &, les bouches à deux doigts l'une de l'autre...*)

ZAÏRE, *poursuit.*

Pour de bonnes raisons, disait-on, la Sœur Incarnation (*a*) était rentrée dans le

―――――――――――――――

(*a*) Ce fut sous ce nom que le Chevalier de Francheville (le Commandeur écoutant) prit le voile dans une communauté dont l'Abbesse était alors fol-

monde ; le Couvent se trouvait fort compromis, graces à tes folies & à celles de ma chere Tante ; car votre bon exemple avait été généralement suivi. Eulalie (*a*) elle même n'avait gueres pu se souftraire aux suites inévitables que devait avoir tant de scandale : Mais ayant du caractere & sachant qu'*une jolie femme peut tout lorsqu'elle est prête à se trousser en faveur de quiconque peut la servir*, elle intrigua puissamment : bientôt elle obtint une meilleure Abbaye. Je l'y suivis. A douze ans elle cessa de me traiter en morveuse. Je fus son *enfant-gâté* dès qu'elle me jugea propre au *doigt-de-cour*. Je le faisais, on me le rendait & le reste : mais à seize ans, je n'avais pas encore eu la félicité de voir de près un homme. J'avais tout au plus deviné, mais très confusément, que s'il y avait entre *vous* & *nous* quelque différence, ce devait être par cet instrument de supplice duquel tu m'avais fait peur, &

---

le de lui. Ils se brouillerent. — Les détails de ces amours & de la rupture se trouvent dans l'histoire plus vraie qu'exemplaire, qui a pour titre, *mon Noviciat, ou les Joies de Lolotte*.

(*a*) L'Abbesse. — Une de nos Dames Aphrodites aussi se nomme Eulalie ; mais plusieurs personnes peuvent porter le même nom. L'ordre avait de même une Mad. & une D^{lle} de Fortconnin, qui n'étaient point parentes.

qui valait apparemment à votre sexe l'attribut connu d'avoir *le droit du plus fort*.

LE COMMANDEUR.

Serviteur au *calembour*.

ZAIRE, *gaiment*.

L'observation n'est pas juste : car, il me semble que ce que je tiens est incontestablement le DROIT DE L'HOMME. (*un baiser*) On pressait pour que je prisse enfin le voile ; cependant une belle nuit mon merveilleux frere, en faveur de qui la passion de ma Mere était de me déshériter, se fracassa la tête en versant avec un Wiscki des plus extravagans où il avait la sottise de se laisser conduire par sa coquine au retour de certaine orgie... (*a*). Me voilà donc fille unique. Ma méchante Mere survécut peu de tems à la perte d'un ingrat dont elle s'était cru exclusivement aimée, & qui l'avoit mise dans le cas d'éprouver tous les genres de repentir quand l'illusion de leur débauche se serait évanouie. M. de la Gaudissoniere, un Ex-fermier du haut-vol, & mon plus proche parent, se trouva devenir mon tuteur. Habile en affaires, il est tout au moins aussi débauché. J'allais être retirée du couvent. On me cherchait un mari. Ma Tan-

_____

(*a*) Cette catastrophe est réellement arrivée.

te, qui pense à certains égards le mieux du monde, voulut préalablement me mettre bien au fait du *pour* & du *contre* de ce fameux sacrement qu'on croit être *l'indispensable vernis d'une femme*; paradoxe à tout moment démenti, qui pourtant depuis tant de siecles ne cesse de faire des dupes... — Il paraît à ton état, mon cher, que cet avis est aussi le tien?

LE COMMANDEUR.

Sans doute: puisque sans frere, ni sœur, & le dernier de ma race, je n'ai pas voulu quitter Malthe, & me suis engagé par des vœux...

ZAÏRE, *agitant gaiment le boute-joie.*

Dont tu observes bien religieusement surtout celui de chasteté... (*Elle lui jette vivement un baiser pour le consoler de cette épigramme.*)

LE COMMANDEUR, *gaiment.*

On fait bien de m'appaiser. J'écoute.

ZAÏRE.

Tout bien considéré, je ne me sentis nullement capable de supporter le joug du mariage. ⹀ ,, Dans ce cas, me dit ma bonne ,, Tante, il convient que tu t'empares de ton ,, Tuteur. Fais qu'il t'aime: une fois que tu l'auras subjugué, (je t'aiderai pour cela de mon expérience & de mes conseils) il ne pourra t'empêcher d'être ta maîtresse. ,,

LE COMMANDEUR.
On ne peut mieux raisonner.
ZAÏRE.
La Gaudiſſonniere m'eut à peine vue que la tête lui tourna. Pour couper court, je te dirai que d'après l'excellente politique de ma peu ſcrupuleuſe Tante, j'ai fait à mon Tuteur, au bout d'un tems convenable, l'intéreſſé ſacrifice de mes premieres groſſes faveurs, au prix que je ferais déſormais parfaitement libre ; que, chez lui, je ferais tout-à-fait chez moi ; que j'aurais pleine jouiſſance du principal de mes biens, FORT-CONNIN & ſes dépendances ; & qu'il adminiſtrerait tout le reſte à mon profit plutôt comme Intendant que comme Tuteur.
LE COMMANDEUR.
Voilà ce qui s'appelle un pucelage bien placé.
ZAÏRE.
Vraiment, il fit bien de le prendre tout chaud au ſortir de la grille, car j'avais déjà dans la tête que le premier coureur de cachet, ou coiffeur, ou.... que le premier porte-culotte, en un mot, m'apprît ce qu'il y avait de différence entre des jeux de Nones & ceux dont le Monde fournît les ſolides moyens. — Bref, mon arrangement avec la Gaudiſſonniere dure depuis près d'une année. Parfaitement honnête homme, il eſt

incapable de me faire tort d'une piftole, & compte avec moi de-Clerc-à-Maître. Affez bien de figure, affez aimable pour ne me caufer aucune répugnance, il eft d'ailleurs fi blafé que bien rarement il me prie de quelque complaifance pour certain petit nain de *vit* (*a*) dont, à peine j'ai l'honneur de m'appercevoir. Sur ce pied, je fuis parfaitement heureufe : ma lifte eft admirable tant en hommes qu'en femmes, car j'aime auffi ces dernières à la fureur...

LE COMMANDEUR (*fe récriant.*)

Tudieu ! quelle luronne ! Mais comment enfin as-tu percé jufques dans notre fanctuaire ?

ZAÏRE.

Sans l'ombre d'une difficulté. J'ai pour ma meilleure amie la Marquife de Mélambert (*b*) (ta Lolotte, fripon.) Elle jouit dans l'ordre de la plus haute confidération. Com-

---

(*a*) Léger écart qu'on prie le lecteur de pardonner à la familiarité de l'entretien. D'ailleurs, on affure que Mlle Zaïre eft de très bonne compagnie.

(*b*) On fuppofe que nos lecteurs ont lu ou liront *les joies de Lolotte*. On y voit que Mad. de Mélambert, époufe d'un Robin, n'eft point Marquife, mais Mélambert était un Marquifat. Elle eft veuve, & fille d'un Marquis. Elle a donc voulu fe donner un titre. Était-on fans cela *quelque chofe dans le monde*, avant la Révolution ?

me on s'y est un peu relâché maintenant sur la rigueur des anciens statuts, elle a obtenu tout d'une voix des *dispenses*, que sollicitait d'ailleurs l'apperçu de l'extrême utilité dont je pouvais devenir parmi vous. Depuis un mois je suis *affiliée*. Mes amis me flattent qu'on me nommera Membre & peut-être dignitaire à la premiere promotion. Je n'ai contre moi que les *Jeudis*, dont je n'ai pu encore me résoudre à mériter les suffrages.

LE COMMANDEUR.

Oh bien : je veux te recommander pour cet objet à Coligny. C'est mon intime....

ZAIRE.

A la bonne heure ; mais c'est qu'il y a des formalités baroques.... sur lesquelles je n'ai pas encore pris tout-à-fait mon parti... Parlons d'autres choses. — Sais-tu que ma Tante faillit mourir de chagrin quand tu couchas sur le carreau son fier champion, M. Rolandin, qui croyait du moins te forcer à épouser une catin de sœur (a), s'il ne te faisait pas mordre la poussiere ?

(a) Quand même on n'aurait aucune connaissance du Roman auquel se rapporte ce fait, il est toujours bon de le conserver, afin que le lecteur sache quels différens sentimens peuvent succéder, dans le cœur des femmes, à cette fievre qu'on nomme *amour*, & quelles peuvent être, au contraire, les simples vertus de celles qui n'ont que du tempérament,

LE COMMANDEUR.

Je me suis toujours douté qu'Eulalie m'avait suscité cette querelle.

ZAÏRE.

Je t'en réponds; & qu'elle avait payé le voyage: & qu'elle avait promis une forte somme au Rolandin, pour fuir après une victoire dont le fanfaron paraissait ne pas douter...

LE COMMANDEUR.

Le bon petit cœur de femme!

ZAÏRE.

J'ai su tout cela, moi: car on ne se gênait gueres devant une morveuse de dix à onze ans que j'avais alors. Mais je dois ajouter, pour l'honneur de ma Tante, que bientôt détestant le crime de sa passion, & maudissant le vil escroc qui l'avait si violemment aigrie contre toi, elle ne cessa de gémir, de te regretter...

LE COMMANDEUR.

Parce qu'elle n'avait plus personne...

ZAÏRE.

Tu te trompes : Elle avait ses laquais: surtout elle se creusait la tête pour deviner où tu pouvais t'être retiré après ton victorieux combat.

LE COMMANDEUR.

Voulait elle m'adresser quelque nouveau Sacrogorgon! — J'étais tout uniment à

Malte. Depuis bien longtems j'ai reparu dans Paris. Je voulus d'abord y épouser la Veuve de mon très cher Oncle, ta bonne amie Mad. de Mélambert, riche de mes dépouilles ; car, sans son fichu mariage, j'aurais hérité de tout le bien dont son vilain époux l'a mise en possession. Elle me refusa cruellement.

ZAÏRE.

Je sais qu'elle a le mariage en horreur.

LE COMMANDEUR.

Au surplus, elle n'a cessé d'avoir à mon égard des procédés admirables. Je suis certain qu'elle me fait toucher, chaque année, plus de la moitié de son revenu.

ZAÏRE.

C'est ce qu'elle ne m'a jamais dit ; (a) mais je lui connais l'ame la plus généreuse, & souvent elle m'assure que, sans t'accorder maintenant aucun sentiment de préférence, elle te conserve pourtant une éternelle tendresse.

LE COMMANDEUR.

Je ne suis à Paris que depuis hier, & j'ai volé à son hôtel : mais elle est à la campagne.

(a) Ce trait seul établirait la différence qu'il y a entre la passionement amoureuse Abbesse, Tante de celle qui parle, & la simple libertine de Lolotte Mad. de Mélambert.

ZAIRE.

Je la crois de retour pour se trouver ici ce soir. — Et, tu viens, je gage, de ce maudit pays du Rhin?

LE COMMANDEUR.

Je l'avoue : absent de Paris depuis un siecle, je ne suis plus au courant, & vais y avoir tout-à-fait l'air d'un débarqué du coche.

ZAIRE.

Si cela se pouvait, tu serais à la mode. Des gens de l'autre monde tiennent le haut bout à préfent : d'ailleurs, moins on a de manieres, moins il y a de dangers à courir. Ta seule coëffure donnant peut-être de l'humeur à quelque sans-culotte, il serait possible que, pour ce crime de leze-nation, on te coupât le cou fort proprement. — Mais est-il vrai, mon cœur, que, par là bas, il regne un désordre épouvantable? ici, l'on crie terriblement au scandale contre vous.

LE COMMANDEUR.

Les scandaleux vous le rendent bien. Partant quitte. Cependant la sphere où je me suis fixé n'est point celle contre laquelle on murmure à juste titre. Attaché, dès les premiers instants de la révolution, à ceux des B..... qui sont les protecteurs héréditaires de ma Province, je les suivis des premiers à Worms, & n'ai plus quitté cette respectable

ble famille. Premier fanal autour duquel commença de se former un rassemblement, d'abord composé de vrais Chevaliers, mais bientôt encombré d'ambitieux, d'étourdis, d'aventuriers & de gens dont les périls de l'intérieur éprouvaient trop le courage équivoque, l'asile des C...és n'a pas cessé d'être ce qu'il fut dès les premiers jours, c'est-à-dire, la source des bienfaits & de cette affabilité noble qui leur donne encore plus de prix.

Z A Ï R E.

Mon pere servit autrefois les C...és. J'aime à t'entendre faire leur éloge.

Le Commandeur.

Dès que, non loin de là, certain Météore s'éleva pompeusement au dessus de l'horison, les Gobemouches ne manquerent pas de le prendre pour un nouveau soleil. Alors on vit s'ébranler & défiler à petit bruit tous les valets de la faveur : aussitôt l'intrigue dressa ses treteaux à l'entour du nouveau Phénomene. Ce fut à qui aurait l'honneur de le voir de plus près ; bientôt, à qui se fixerait au centre des prétendus honneurs, grandeurs & richesses. Tel, fut de bonne heure étouffé dans la cohue & foulé aux pieds : tel autre, en attendant les grandes faveurs de l'idole, eut la douceur de fouiller dans ses poches. Le prestige a peu duré :

déjà l'édifice de carton menace ruine, &, chaque jour, le feu prenant quelque part, le tems & les foins fuffifent à peine à l'éteindre. Que de foux auront enfin un pied de nez & ne fauront où cacher leur honte, où déplorer la plus fotte bévue dont jamais l'orgueil & l'égoïfme ayent pu donner le funefte confeil ! — Affez heureux pour m'être fait de mon attachement pour les C...és un intérêt perfonnel, j'avais vu, fans être tenté, un effaim d'extravagans & d'ingrats prendre l'effor : content près de mes chevalerefques & modeftes Bienfaiteurs, j'ai préferé leur obfcurité volontaire, leur frugalité, leurs fatigues, à la cocagne éphémere des Théodores de Coblence. Il eft vrai que dès longtems je fuis défabufé fur le chapitre de l'émigration, la plus impolitique fottife par laquelle le diable pût nous induire à fervir nos ennemis : mais je tiens par le cœur à mes Héros vraiment contrariés par le Deftin. Ils luttent contre fes coups avec tant de courage que, même certain de périr avec eux, je ne me refoudrais point à m'en féparer.

ZAÏRE.

Te voici cependant à Paris, d'où j'efpere bien que tu ne fortiras plus.

LE COMMANDEUR.

Tu t'abufes, mon Amour. Dès que j'aurai mis en regle quelques affaires qui m'y amenent au péril de ma vie, je rejoindrai mes chers C...és. Je gagerais tout ce que je possede qu'envain essayera-t-on de dissoudre, comme on le publie, la masse des infortunés Emigrés : nos B......s, nos Bienfaiteurs, nos amis, demeureront encore entourés d'une élite qui ne voudra pas plus renoncer à leur mauvaise fortune qu'eux-mêmes ne voudraient abandonner ceux qui s'y sont attachés...

Dans ce moment un petard fort bruyant éclate : c'est l'avertissement de se réunir. Aussitôt le Commandeur est debout, mais Zaïre qui le tient toujours par le *gouvernail*, le force à se rasseoir & l'enfourchant, elle exige quelques minutes encore d'audience...
== Dépêchons, dépêchons, dit en s'agitant sur lui comme un démon cette brulante Heroine. Elle baise, elle mord, elle rit, chatouille & jure tour à tour. Leur poste est aussi bientôt courue... Ils se rajustent, volent & sont pourtant à-peu-près les derniers arrivés à la Rotonde, lieu du rendez-vous général.

ON JOUE DE SON RESTE.

TROISIEME FRAGMENT.

Le Correspondant initié qui s'était chargé de nous fournir de suite des matériaux pour ces intéressans mélanges, vient de nous prévenir qu'il se préparait, pour l'ordre, une espece de révolution qui ne tarderait pas à se manifester & briserait probablement la riante chaine dont tant de brulans individus sont liés encore. Nous voilà donc dans le cas de craindre de ne pouvoir remplir l'objet que nous nous étions proposé d'abord, & qui comportait de pousser, avec le tems, jusqu'à cinquante ou soixante cahiers la collection des faits & gestes des Aphrodites. Or, s'il nous convient de borner, peut-être même dès maintenant, notre spéculation, il n'est plus à propos d'entrer dans de longs détails descriptifs, de lieux, de coutumes & de cérémonies dont nous ne pourrions plus fournir les applications. Ce sera donc très sommairement que nous parlerons tout-à-l'heure de la grande Rotonde & de ce qui doit s'y passer de grave relativement à l'ordre vénérable, avant qu'on ne procède à la *résurrection de Zéphirine*, espece de *petite piece*, dont il est convenu que seront suivies, ce jour-ci, les importantes délibérations pour lesquelles on a convoqué l'assemblée générale. Mais si nos apperçus sont justes, le schisme sera court ; les Aphrodites qui survivront en état de corps à la dissolution de l'actuelle fraternité, ne tarderont pas à s'établir quelque part, où certains de leurs plus recommandables personnages leur ménagent un sûr & riant asile. L'essaim, pour lors épuré, de moins en moins mystique ; moins opulent sans doute, mais plus libre ; moins accablé de cérémonies, mais plus amusé, fournira sur nouveaux frais une ample matiere à la curiosité des Amateurs, & présentera surtout des exemples plus séduisans, plus faciles à suivre, dès qu'on se sera dépouillé, comme on se le propose, de ce *cynisme* qui caractérise bien plus le délire d'une secte de *Maniaques enfievrés*, que la voluptueuse ivresse d'une société d'Epicuriens aimables.

———

La grande Rotonde est une espece de temple sans aucune décoration apparente au dehors. Un corridor de neuf pieds de large, flanqué de deux petites nefs proportionnées, conduit, par une double file de douze colonnes doriques, du Péristile fort simple, à l'entrée principale. On se trouve alors dans une enceinte vaste formée d'un cercle de vingt-quatre colonnes de la plus belle proportion, composites, distantes, de centre à centre, de neuf pieds, elles supportent l'entablement convenable, que couronne une élégante balustrade. Derriere les colonnes, isolées, tourne un espace large de neuf pieds dans œuvre, du plinthe des bases au mur. Ce trottoir distribue dans différentes pieces. Nous aurions eu plus d'une occasion de parler de leurs objets variés, mais, si près d'être forcés à nous interrompre, nous devons épargner au Lecteur la sécheresse de ces détails. La coupole, hardie, qui couvre cet imposant édifice, est tellement ordonnée qu'elle représente au naturel le dôme d'un berceau d'arbres fort élevés dont les branches jettées avec art se bornent irrégulierement à quelque distance du point de centre pour former une ouverture vague & fermée de vitrage (*a*). Le

───────────

(*a*) C'est, en grand & dans un autre genre, la même conception que celle de la salle à manger (décrite page 68 du premier cahier.

feuillage est aussi partout crevassé, de manière à laisser à la lumiere beaucoup d'accès ; ce qui fait que l'édifice est aussi bien éclairé que s'il était construit au milieu de quelque place élaguée, dans une forêt véritable Ici l'art du peintre trompe tout-à-fait l'œil à cet égard, de sorte que d'abord on est tenté de se croire en plein air. Les colonnes sont censées élevées sur un haut socle, relativement à l'intérieur de la salle, tandis que leurs bases sont de niveau avec le trottoir.

Contre le socle, à l'intérieur, sont adossés deux rangs de gradins concentriques en amphithéâtre, & fixes, coupés en quatre endroits, pour qu'on puisse descendre ou se distribuer dans les gradins. L'espace du milieu, qui se trouve être une plate-forme de 60 pieds francs de diametre, suffit aux plus nombreuses assemblées, lorsqu'il s'agit de danses & de cérémonies qui exigent du développement ; ce qui se passe alors dans cet intérieur est parfaitement vû des gradins & du trottoir qui les domine. Au besoin, on se resserre sur le centre par des cercles de banquettes mobiles.

Au moment dons nous rendons compte, il s'agit d'une séance à-peu près semblable à celle d'une académie. Autour d'une table circulaire placée au centre, sont assises douze perſonnes, ſix Dames & ſix Cavaliers (*a*). A quelque diſtance de ce cercle ſont, ſur des ſieges ou debout, environ cent Aphrodites, qui veulent bien obſerver ici plus de recueillement & de ſilence que par fois on n'en accorde au grave tripot des Quarante. (*b*) C'eſt que, chez les Aphrodites, chacun a *l'intérêt de ſon unique paſſion*: c'eſt que tout ce qui s'y traite a pour objet *ce qui convient à tous*: c'eſt que perſonne n'y pérore en vue de faire briller à tort & à travers (comme au Louvre) ce qu'il a d'eſprit, au haſard de beaucoup ennuyer une multitude bigarrée de jaloux, de froids ou de légers auditeurs.

M. de S. Longin, orateur perpétuel, ouvrit la ſéance par différentes annonces. Il apprit à l'aſſemblée : 1°. La mort glorieuſe de Mad. de Con-bannal (doyenne des vieilles) expirée dans les bras d'un huitieme Carme eſſayé ce jour fatal ſur certain lit électrique (*c*) dont elle jouiſſait depuis quelques

---

(*a*) Ce ſont des Dignitaires.

(*b*) Meſſieurs les Etrangers ? cela veut dire *l'académie françaiſe*, à qui trop ſouvent le Beau Sexe & les Aimables-étourdis manquent de reſpect dans leur auguſte ſanctuaire.

(*c*) Imitation en petit du faſtueux lit du Docteur Graham dont parle, preſque dès le début, certaine édition de la *Chronique ſcandaleuſe*. Que n'eſt elle toute compoſée d'articles auſſi intéreſſans ?

mois. C'était pour se faire servir sur ce bisarre, mais dangereux autel du Plaisir, qu'elle venait de rassembler à sa Terre vingt-quatre des plus renforcés ex-moines qu'on avait pu recruter pour elle sur le pavé de Paris, & de la part desquels, graces à la vivifiante machine, elle avait lieu d'espérer une bien riche récolte de jouissances. Elle venait au contraire d'y trouver la mort ; mais tel est l'esprit de l'Ordre que, loin d'accorder un triste regret à ce trépas à peu près violent, on en témoigna son admiration par un applaudissement bruyant & général. —

2°. La nouvelle d'un autre deuil fit aussitôt parodie & fut à son tour honorée de rians applaudissemens. Il s'agissait d'un âne mort enfin de vieillesse. Ce respectable animal appartenait à la petite Comtesse de Mottenfeu, à notre prétendue Magicienne. Jadis elle l'avait *violé*; c'est-à-dire qu'elle en avait arraché les dernieres faveurs. (*a*) Le grison n'était, à cette époque, qu'un obscur com-

---

(*a*) Permets, ô grand Voltaire, que pour un moment ce galimathias prenne par le bras ton intrépide Pucelle, afin de résister au choc redoutable du courroux des Rigoristes & des Zoïles. Le difficile arrangement de la Comtesse avec le baudet est décrit à la fin de la premiere partie du *Diable au Corps*. On renvoie donc, pour les détails, à cet ouvrage.

menſal dans l'écurie de certaine Marquiſe très amie de la petite Comteſſe. Envain cette derniere, après ſa paſſade, avait elle offert de l'âne-à-bonne-fortune un prix fou; jamais la Marquiſe ne voulut le céder. Ces Dames furent même aſſez longtems en froid à cauſe de lui. Mais la propriétaire, ſur le point de mourir, & déſabuſée pour lors des vanités de ce Monde, légua le Baudet à la Comteſſe : celle-ci, reconnaiſſante envers le quadrupede, qu'avait annobli ſon caprice, l'a fait exiſter de la maniere la plus agréable juſqu'au dernier inſtant, quoique depuis longtems il ne fût plus bon à rien. La petite folle avait abſolument voulu ſe donner le ridicule de faire mettre feu ſon âne ſur le tapis, à la ſéance que nous décrivons.

3°. L'on publia les retraites volontaires de Meſd. de Vaginaſſe, de Con-fourbu, de la Bâbiniere & de Tout-en un; ces dames charitablement averties qu'il était queſtion de les déclarer *invalides*, avaient généreuſement envoyé leurs démiſſions.

4°. On lut des *avis* par leſquels MM. de Bondoncourt & de Molengin (*a*) étaient priés de retirer leurs fonds & leurs perſon-

---

(*a*) Frere cadet du Vicomte cité dans le *Diable au Corps* : il chaſſait de race.

nes, l'Ordre féminin ayant témoigné que leur adoption, forcée dans le tems par la faveur, n'avait été justifiée par aucun service agréable : loin de là.

5.º. On lut une *circulaire* qui signifiait à MM. de Fornicaud, Bandard, (frere du directeur de Mad. de Montchaud,) Long-garot, Paillardin, Conami, & quelques autres, que, malgré leur talent & le zele avec lequel l'Ordre ne disconvenait point d'avoir été servi de leur part, on les remboursait (*a*) & les priait de s'exclure, le parti *sans-culotte* qu'ils avaient embrassé dans les troubles, ne permettant pas qu'ils fussent désormais regardés comme freres parmi de vrais Français qui se piquaient du plus pur Royalisme. L'orateur fit à ce sujet un court & délicat éloge de Dom Ribaudin ; cet officier

___

(*a*) Chaque membre, lors de sa réception, faisait à l'ordre un don selon sa fortune. Il déposait en outre dix mille livres pour lui-même & cinq mille pour la Dame reçue avec lui, (car les Dames ne payaient rien.) L'ordre tenait compte au frere de l'intérêt de ses fonds sur le pied de cinq pour cent. Ce revenu demeurait à la caisse, à compte de la dépense de chacun. L'ordre héritait de ces capitaux, à moins qu'il n'eût rejetté quelqu'un de ces especes d'actionnaires, que pour lors il remboursait exactement de dix mille livres. Le contingent féminin n'était jamais rendu.

national déjà cité, ce furprenant tapeur, qui, fous une forme détestée, déguisait les plus nobles fentimens : ,, Ce nouveau Frere Jean des Entaumures, ce nouveau Pere Jean du Compere Matthieu, (difait l'orateur) est du petit nombre de ces hommes périlleufement courageux qui fe font mêlés aux ennemis de la caufe Royale, exprès... afin de la mieux fervir ; afin de découvrir les fecrets refforts de l'infernale machine & de pouvoir combiner avec connaiffance de caufe les moyens de la brifer. ,, On apprenait, en un mot, que D. Ribaudin, lorfqu'il était encore étranger à l'Ordre, l'avait prévenu d'un complot affreux, machiné par de perfides membres, Jacobins en fecret & *Andrins* la plupart. — Ceux-ci fans doute avaient eu vent du projet de les retrancher de l'heureufe lifte des Aphrodites. D. Ribaudin foutenant une fi belle façon de penfer de fi puiffans moyens de faire honneur à la fraternité ; la force de fon caractere & de fon bras promettant d'ailleurs un appui fi folide, il n'eft pas étonnant que, malgré fon effrayant uniforme, on l'eût d'emblée *affilié*. C'était à cette faveur qu'il avait dû l'accès libre dont il jouiffait déjà dans l'hofpice & le bonheur de faire faire à l'écureuil de la petite Sorciere, le déjeûner glouton dont nous avons enrichi notre galerie de tableaux lubriques.

6°. L'occasion était belle pour prendre en considération le travail du mitigé Culigny, concernant les *Rétroactifs*. Il avait frappé, dans un Mémoire plein de force, les abus de cette vicieuse superfétation de l'Ordre. Il démontrait que vingt-huit freres, presque tous Démocrates, manquant tous d'amabilité, stériles, ne devaient pas être ménagés, quand un nombre vingt fois plus grand (dont le Beau-sexe, outragé, faisait partie) était réellement déshonoré par ces vilains. (*a*) La lecture de l'excellent Mémoire dura douze minutes; il était fortifié de 95 signatures provisoires: toutes les personnes présentes, qui n'avaient pas encore signé, crierent unanimement leur approbation. Il fut arrêté au bruit des applaudissemens les plus vifs; 1°. Que les vingt-huit excrémens de l'Ordre seraient remboursés & biffés des registres: 2°. que le local particulierement affecté à MM. les *Jeudis*, demeurerait fermé jusqu'à nouvel ordre; que par conséquent le prétendu service, fixé par les statuts au jour du grand Jupiter, serait suspendu & n'aurait lieu désormais qu'autant que des

---

(*a*) Au manuscrit, il y avait *Villettes*: on a cru devoir rectifier cette erreur. (*Le Correcteur d'épreuves.*)

femmes daigneraient y concourir. 3°. Culigny fut prié de présider à cet objet de Police & d'inspecter les *Freres* de ce bord, de même que la grosse Présidente de Confessu aurait l'inspection des *Sœurs*, puisque malheureusement il y en avait beaucoup & même de fort aimables qui donnaient dans ce travers. Célestine, à qui convenait encore mieux l'emploi qu'on accordait à Mad. de Confessu, (*a*) ne pouvait en être gratifiée, vu celui, bien plus important, de *premiere essayeuse*, qui l'occupait beaucoup & dont elle s'acquittait avec la plus haute distinction.

7°. Comme lors de la précédente assemblée on avait recueilli les suffrages pour différentes promotions, l'orateur annonça qu'il allait déclarer la Grande-Maîtresse & le Grand-

―――――――――――――――――――――

(*a*) Chacun des trois enfans qu'avait faits Mad. de Confessu, avait failli lui coûter la vie : ses deux meilleures amies, sages, susceptibles d'un *grand amour*, avaient péri de la vérole, après avoir favorisé deux héros de Roman contre lesquels elles avaient fait pendant six jours la plus vertueuse résistance. On peut, à moins, se frapper l'imagination. Mad. de Confessu jura donc qu'on ne lui ferait plus d'enfans : mais à tout hasard elle céda, par amour-propre, à la séduction des *Jeudis*, ensorcelés pour elle, à cause d'une Mappemonde unique dont la Vénus Callipyge elle-même aurait pu concevoir du dépit.

Maître donnés à l'Ordre, (la premiere, par les Freres, le second, par les Sœurs, c'est l'invariable usage.) ,, Grande Maîtresse, cria-t-il, la belle Eulalie, MAD. LA BARONNE DE WAKIFUTH, à la majorité de 137 voix, contre 26 partagées entre Mesdames de Fieremotte & de Band'amoi. — GRAND-MAITRE, tout d'une voix, sans aucune exception.... l'illustre Dom Martin, Christophe Ribaudin de la Couleuvrine, ci-devant Très Vénérable Abbé de l'ordre de Citeaux, actuellement militaire.... (acheva l'orateur en baissant le ton, comme s'il eût craint de dire une sottise.)

Le cas était unique. Ribaudin était un intrus. (a) Presque coup sur coup *Affilié*, *Novice* & *Profès* ; franchissant à grands sauts toutes les barrieres dont les grades étaient séparés, tout à coup il se plaçait fierement sur le trône des Aphrodites. Quelques prétentieux Freres pouvaient bien en murmurer tout bas : mais les Sœurs marquaient leur satisfaction avec ivresse. L'élévation de Ribaudin était leur glorieux ouvrage. Cer-

---

(a) Et dans la Prélature aussi ; car il était né de parens très obscurs, & n'eût été toute sa vie qu'un Moinillon, sans les prodigieux titres de noblesse naturelle dont le bisarre Destin l'avait gratifié.

taines actives cabaleuses avaient habilement accaparé les voix ; les perfections multipliées du Personnage avaient fait le reste. Que ne peut pas sur l'excessive sensibilité d'un Sexe fin appréciateur du mérite, la réunion d'une ame élevée, d'un imperturbable courage & d'une santé rayonnante, aux beautés d'une stature gigantesque, quarrée, musculeuse ; le tout couronné par l'heureux hasard d'un boute joie de dix pouces neuf lignes, brulant, infatigable, auquel plus des trois quarts des votantes avaient d'avance quelque obligation !

A la suite de cet important travail il y eut *récréation* pendant une heure. Je laisse ici libre carriere à l'imagination du lecteur.

Un grand concert rassembla de nouveau les assistans dans la Rotonde. Comme on ne peut gueres avoir la sensibilité rafinée des organes du plaisir de l'amour, sans avoir aussi la passion de la Musique, celle-ci fut avidement écoutée. Des freres, des sœurs qui chantaient ou jouaient des instrumens avec un talent rival de celui des virtuoses de profession, recueillirent un juste tribut d'admiration & de caresses : plus d'un éclair lancé de l'orchestre avait allumé des feux qu'il fallut courir éteindre au boudoir.

A neuf heures, réunis encore, on vit l'entrée des couples qui passaient ce jour-là de

la

la classe des *Affiliés* à celle des *Profès*. (*a*) Zaire, à son grand étonnement, était du nombre. On l'avait en vain cherchée partout, tandis qu'elle était si solitairement occupée avec le Commandeur de Larde-motte. Pour ajouter au piquant de la faveur de son adoption *impromptu* (& surtout hors de regle) on n'avait point voulu la prévenir. Mais, dès qu'elle avait reparu dans la Rotonde, on s'était emparé d'elle & tout de suite, en lui annonçant sa flatteuse promotion, on lui avait imposé l'agréable devoir de faire gagner les couronnes (*b*) au Parain, que le

---

(*a*) On *affiliait*, un à un : mais on n'*engageait* jamais que deux à deux. Chaque individu d'un couple de *Profès* était respectivement, pendant un an, *Parain* & *Maraine*. Des soins approchant de ceux du Cicisbéisme d'Italie étaient attachés à cette plus particuliere affinité.

(*b*) Il était de regle que pendant trois heures, entre Parain & Maraine, *on fît ce qu'on pouvait*! le nombre des couronnes rendait compte de ce qui s'était passé. On avait une assez mince opinion du nouveau *Profès* qui n'était pas sept fois couronné. Qui n'avait pu atteindre la cinquieme couronne était *remis*. (Ce nombre était de rigueur.) Après un second essai, de même malheureux, le Frere était *exclus* de la *Profession* & restait désormais *simple Affilié*. Nul moyen de frauder : un incorruptible dignitaire, à portée, ne délivrait chaque couronne qu'a-

Sort venait de lui donner en partage. C'était le beau, l'aimable, le surprenant Plant'amour. (*a*) Pendant trois heures qui s'écoulerent pour eux comme les momens d'un agréable songe, l'Adonis, sans aucun tour de force, mérita d'être onze fois couronné. Onze fois! quel honneur, & pour lui-même, & pour celle qui l'avait secondé si bien! Le Parrain fit ainsi son entrée dans le Temple avec une espece de thiarre presque ridicule par sa hauteur, que mesurait de ses regards, encore humides de volupté, Zaïre involontairement fiere de son ouvrage. — Le plus décoré, à leur suite, n'avait pas plus de huit couronnes. C'était le ci-devant Abbé de Conaise, dépossédé de ses bénéfices & d'une jolie place à la Cour, mais qui se croyait à-peu-près dédommagé puisqu'il avait eu le bonheur de percer chez les Aphrodites. Sa Marraine était la délicieuse Duchesse de Troumutin, la plus vive, la plus folle, la plus magique Etrangere qui se soit jamais francisée parmi nous.

Deux couples encore, avaient atteint l'ordinaire recommandation des sept couron-

---

près s'être bien assuré qu'on venait de la gagner légitimement.

(*a*) Voyez ce qui est dit, de lui, aux deux dernieres pages du quatrieme Numéro.

nes. On ne les nomme point, ne devant jamais figurer dans cette expirante histoire. Un arrogant Capitaine de Dragons, en dépit de son beau nom de Bout-de-fer, n'avait pu gagner que six couronnes dans les bras de la charmante Pinejoie; celle-ci, distraite, soucieuse, semblait murmurer contre le Sort qui l'avait si médiocrement partagée. Quant au quadragenaire Baron de Fier-sec, portant ses cinq couronnes bien justes, il marchait la tête haute, avec une suffisance dont on eût à peine absous l'héroïque Plant'-amour. Comme la Marraine du Baron n'était que Mad. de Chaude-voie (médiocrement jolie,) mais archi-luxurieuse & qui, en considération de ses infatigables travaux, était enfin parvenue à l'honneur d'être reçue *Professe*) le fat de Fier-sec semblait rejetter sur elle l'exiguité de ses preuves & dire aux gens: *je n'ai pas voulu me donner la peine d'en faire plus.* — Un étrange & risible événement avait fait demeurer en arriere un sixieme couple qu'on s'étonna d'abord de ne point revoir. Deux *désignés* qui s'étaient accrochés avec la plus vive ardeur, venaient d'amasser déjà quatre couronnes; ils n'avaient point encore l'avantage de se connaître: s'étant par malheur interrogés pendant un entr'acte, il se découvre que l'un est le Neveu, l'autre la Veuve d'un opulent avare, mort en laiffant un teftament équivoque, qui met les gens dont nous parlons dans le cas de foutenir un procès, très animé, pour la fucceffion. Soudain la haine glace chez eux le défir, & les r'allume de fureur. Ils fe féparent après une longue kirielle de reproches, d'injures & de menaces. Cette rixe ayant caufé quelque embarras, Mad. Durut, de peur que les projets pour ce jour de plaifir n'en fouffriffent, avait pris fur elle de renvoyer de l'hofpice les fcandaleux plaideurs : ils dérogeaient aux premieres qualités requifes, le *parfait défintéreffement & l'union des cœurs*, jurée, dès qu'on avait enfemble les plus légers rapports d'Aphrodites.

Les chofes s'étaient bien différemment paffées entre les futurs Grand-Maître & Grande-Maîtreffe, qui ne s'étaient auffi jamais vus. On les avait mis, fans affectation, enfemble pour tout le tems de la féance, où ils ne devaient ni entendre parler d'eux, ni gêner, par leur préfence, l'impreffion que leur exaltation déclarée pouvait caufer parmi les affiftans. Ribaudin qui, non plus qu'Eulalie, n'était pas grand caufeur, avait préféré de le *mettre & remettre* fans ceffe à cette rare Beauté. Quand on vint les rappeller, ils en étaient, fans y avoir mis de prétention, à leur douzieme paffade : on eut quelque peine à les faire revenir sitôt dans la Rotonde, éprouvant mutuellement qu'ils auraient bien encore quelque chose à se dire : Cependant, notre Samson ne fut pas fâché, dans sa position imprévue, de sentir qu'il lui restait encore une petite portion de sa poudre à tirer, puisqu'il se voyait salué par cinq nouvelles *Professes*, auxquelles il croyait devoir une accolade plus galante que le simple baiser (*a*) d'obligation. L'indomptable les *eut* toutes, à commencer par la brulante Zaire, (qui par parenthese ne s'en était pas mal donné ce jour-là.) Ribaudin trouva cette jouissance, quoique enfantine, si *hors du pair*, qu'en lui décochant le jet de son onction embrasante, il la nomma, selon son droit, seconde Assistante, ayant déjà disposé de la premiere place *in petto*. — De son côté, la

---

(*a*) Il était commun, aux deux sexes, sur les yeux & la bouche. — Ensuite chaque Profès baisait les boutons du sein de la Grande-Maîtresse &, ployant les genoux, rendait plus bas le même hommage. — Ce dernier baiser était dévolu seul au Grand-Maître, qui pour épargner aux Dames l'humilité de la génuflexion, s'élevait volontiers à leur portée. — On conçoit qu'en pareil cas la galanterie du Particulier peut se piquer d'acquitter, par quelque agréable supplément, la dette du Dignitaire,

Grande-Maîtresse n'avait pas plus d'envie de faire les choses mesquinement. Elle s'était donc retirée dans un boudoir, pour y recevoir l'hommage d'étiquette que lui devaient les nouveaux *Profès*: s'ils pouvaient desirer de ne pas s'en tenir à la stricte regle, elle les attendait de pied ferme... Plant'amour, l'admirable Plant'amour qui n'avait jamais eu la félicité de posséder notre divine Eulalie, ne reçut pas l'éclair de son baiser sans se sentir soudain renaître : il la renversa pétulamment sur la *fouteuse* (a) & la servit en homme capable encore de gagner bien des couronnes. Son prétendu *devoir* accompli, le fortuné Profès refusa de se retirer ; mais il se cacha, jurant que si ses collègues manquaient à s'acquitter de même qu'il venait de le faire, il payerait pour tous. L'Excellente Eulalie sourit de ce défi, bien loin de s'en offenser.— Chaque couronné parut à son tour, aucun n'osa franchir les bornes de la stérile étiquette. A mesure que l'un de ces éclopés se retirait, le fougueux Plant'amour s'élançait hors de sa retraite & dédommageait l'adorable Baronne. Le seul Fier-sec eut l'audace de tenter un effort... mais ce

---

(a) On se souvient que c'est un meuble de boudoir.

présomptueux échoua d'autant plus désagréablement que comme il abusait un peu de l'excessive complaisance de la Grande-Maîtresse, celle-ci vint à lui dire : ,, Eh, Monsieur! qui vous en priait. = A ce trait, le niché Plant'amour ne put réprimer un fol éclat de rire, dont Fier-sec fut pour le coup tout à-fait nullifié. Dans sa mauvaise humeur, il articula faiblement quelques expressions un peu légeres, mais Plant'amour avait bien un autre souci... c'était de venger à l'instant la céleste Eulalie : sans tenir aucun compte du mortifié Baron, il vint, à sa barbe, brûler un encens réel & copieux sur le charmant autel que l'avantageux n'avait enfumé qu'à peine. Ce dernier ne jugea pas à propos d'attendre la fin de la réparation. Eulalie, enfin seule avec l'étonnant Plant'amour, se mit, contre son usage, en frais d'éloges & lui fit compliment d'être si bien en fonds pour payer de la sorte à vue les dettes de tout le monde. = Il s'agirait (lui dit-il galamment) d'acquitter avec vous l'univers, qu'un seul de vos regards me mettrait en état d'y suffire... = Un baiser à l'Eulalie & quelques moëlleux mouvemens, dont elle était, comme on sait, singulierement avare, furent la récompense de ces douceurs. La Grande-Maîtresse enfin, (inspirée de même que l'avait été le re-

connaiffant Grand-Maître) nomma Plant'-
amour *fon premier Affiftant*, (*a*) en confom-
mant avec lui le dernier de leurs brulants
facrifices... Elle voulut encore ajouter à fon
bienfait une riche épingle de col que l'heureux Plant'amour, (n'ayant pu faire agréer
fa réfiftance,) jura du moins de porter le
refte de fa vie pour l'amour de celle qu'il
faifait le vœu d'adorer jufqu'au dernier fou-
pir.

Un banquet fomptueux & furtout exquis
rappella de nouveau dans la Rotonde les
Freres & Sœurs (*b*) & les occupa jufqu'à

(*a*) Le Grand-Maître avait deux *Affiftantes*; la
Grande-Maîtreffe, deux *Affiftans*. Ces quatre Dignitaires étaient les feconds perfonnages de l'Ordre,
& jouiffaient de bien des prérogatives dont il n'eft
plus tems d'entretenir nos Lecteurs.

(*b*) On obfervera qu'indépendamment de ces pré-
liminaires voluptueux auxquels la fimple déclaration
des *Promus* donnait lieu, il y avait encore, à leur
fujet, (lors de l'entrée en exercice,) une affemblée
bien autrement folemnelle. Elle était fixée au premier vendredi de Mai. C'eft alors feulement que les
Dignitaires de l'année courante ceffaient leurs fonc-
tions & rentraient dans la foule. Cependant ils con-
fervaient avec quelques attributions flatteufes le
CYGNE D'ÉMAIL entouré d'une couronne imitant
le myrthe mêlé de rofes, décoration qui fe portait,

deux heures du matin, moment fixé pour le dénouement des myſtifications du Baronnet & pour la réſurrection prétendue de ſon adorée Zéphirine.

---

avec un ruban verd liſéré de ponceau, par les *Retirés*, en petit ordre, par les Dignitaires effectifs, au col; par les ſeuls Grand-Maître & Grande-Maîtreſſe, en grand cordon. Ces derniers, excluſivement, étaient ornés encore, la Grande-Maîtreſſe du ſigne de la planète de Venus, brodé en argent ſur un rond de ſatin ou paillon verd-clair; le Grand-Maître, du ſigne de la planète de Mars, brodé ſur un rond de ſatin ou paillon ponceau. Autour de ces deux plaques, d'ailleurs égales, brillait une riche auréole à huit pointes, de rayons de diamans, de rubis & d'émeraudes, placée ſur le cœur. Le bijou d'Ordre du Grand-Maître & de la Grande-Maîtreſſe étaient auſſi les ſeuls enrichis.

VAUT-IL MIEUX ETRE SAGE !

QUATRIEME FRAGMENT.

Dès que le prétendu suicide Sir Henri avait éprouvé l'effet de cette terrible potion qui devait l'anéantir pour quelques heures, un des Esculapes de l'hospice, vêtu en Magicien, s'était établi près de lui. Au plus fort du sommeil on avait emmaillotté le pauvre Baronnet en façon de trépassé, ne montrant à nud que le bas du visage, afin de pouvoir respirer ; tout le reste était enveloppé de larges bandes de fine toile qui le serrant de toutes parts, collaient les mains aux cuisses, réunissaient les jambes & les pieds, mais laissaient à dessein une maligne lacune à l'endroit de certain objet.... sujet aux variations, & qui toutefois ne joue pas un rôle brillant chez les gens accablés de sommeil ou transis de peur. Les yeux, dont il s'agissait surtout d'interdire totalement l'usage à Sir Henri, jusqu'à nouvel ordre, étaient mollement bouchés d'un petit couffinet fous le mouchoir dont on lui avait ceint la tête. Dans ce mortuaire & gênant coftume, notre homme (encaiffé à peu près comme fa Momie adorée, mais avec moins de façons) avait été defcendu dans le fouterrain de la grande Rotonde, au parquet de laquelle il y avait pour lors un trou circulaire de douze pieds de diametre entouré de garde-foux. Dans cette occafion, le fouterrain dont nous parlons, & qui a vingt pieds de profondeur, eft décoré en caverne infernale, conftruite en apparence de blocs de roches irrégulierement entaffées, & dont la voûte, à l'endroit où elle eft crevée, femble menacer d'écrafer dans fon inévitable chûte ce qui peut fe trouver perpendiculairement au-deffous. Plufieurs arcades inégales forment le pourtour, & fourniffent autant de fombres entrées. Une mouffe fèche & d'une trifte couleur fe mêle à des touffes de ronces & de menus arbuftes réfineux, pour tapiffer les murs lugubres & la coupole de cet horrible local.

C'eft là que, perclus dans fon fépulchre, l'extravagant Baronnet fe trouve couché fur le dos, ne pouvant rien voir, mais très bien entendre lorfqu'enfin il s'éveillera. — Vers une heure du matin, il donne quelques fignes de vie ; l'Efculape lui porte à l'inftant fous le nez des efprits volatils qui doivent achever de dissiper les vapeurs causées par le breuvage. Et tout aussitôt l'assemblée, par un moyen muet dont on est convenu, se trouve avertie que le divertissement de la *résurrection* peut commencer.

Nul doute que la premiere idée du patient, quand il se trouve si gêné, ne soit : *Oui : c'est tout de bon : je suis mort.* L'horreur des ténebres.... du silence.... achevent de l'en persuader... Cependant son compte ne se trouve point encore à ce trépas si courageusement affronté... *Qu'est il donc ? où est il ?* & pourquoi n'a-t il pas déjà retrouvé celle qui lui a donné là haut un rendez vous si positif ? — Tandis que ces pensées l'agitent, il entend en l'air l'entretien qui suit.

Une Voix.

Tu dis, John, que c'est le même fou qui promenait par l'Europe cette châsse dans laquelle était l'effigie d'une belle femme !...(a)

JOHN, *parlant du nez & prononçant comme ceux qui ont un chancre au palais.*

Oui, Milord. C'est lui : c'est ce Sir Henri Arisson dont on se moquait si fort à Ro-

---

(a) Ces postiches Messieurs vont parler Anglais. Mais comme probablement la plupart de nos Lecteurs seront Français, nous allons traduire cette scene dans notre langue.

me du tems où nous y étions : le même qu'un jeune Français se flattait d'avoir fait cocu récemment, à Paris, avec l'original très vivant de la copie inanimée, objet de tant d'amour & de regret. J'ai reconnu cette figure d'homme tout de suite. Braquez d'ici votre lorgnette, Milord, & prenez bien garde de tomber dans le trou....

MILORD, *feignant une extrême attention.*

Tu as ma foi raison. C'est lui !... c'est notre Baronnet en personne ! — Encore un extravagant de plus parmi nous. Mais il n'est point défiguré !.... Quel genre de mort a-t-il donc choisi ?

JOHN.

Le poison, dans du vieux vin d'Hongrie.

MILORD *soupirant.*

Il a été mieux avisé que moi qui me suis si gauchement brûlé la cervelle &, me vois condamné pour tous les siecles à repousser la Beauté par ma tragique laideur, tandis que l'heureux état où je me trouvais au moment du trépas, me force à brûler de la soif des faveurs du Beau-Sexe...

JOHN.

Détournez ces idées, Milord.

MILORD, *avec douleur.*

O ma petite Cléophile ! je me suis tué pour toi par jalousie; la rage dans le cœur, mais le desir autre part ! Tandis que tu me cocufiés du matin au soir dans Paris, je bande vainement chez les Morts, poursuivant, sans jamais en atteindre aucune, des vierges folles, suicides à leur maniere, qui fuient dès que je parais à leurs yeux avec mon crâne démoli, sanglant & privé d'un œil... Que Lucifer confonde l'amour & toutes celles qui l'inspirent, aussi bien sur Terre que dans les Enfers !....

JOHN.

Là, là, Milord, calmez-vous.

MILORD.

Tu en parles bien à ton aise, heureux coquin, mort exprès de la vérole sublimée, que tu cherchas dans les coulisses du boulevard, afin de rejoindre ton maître par un détour, puisque tu n'avais pas eu le courage de prendre comme lui le plus court chemin. Ici du moins, tu peux t'en donner à cœur joye; rongé de toutes les vilenies qu'on ramasse en barbotant dans les *cons* ulcerés; distillant de ton bec-à-corbin cramoisi la verte & corrosive essence du *virus*, tu t'assortis ici, sans crainte de pis, avec des Damnées du Peuple & de la Cour aussi maléficiées que toi; tu jouis dans *l'ordure*, & moi j'enrage dans le *sentiment* : & nous en voilà, chacun dans notre genre, pour une toute petite éternité !

JOHN.

J'avoue, mon cher maître, que pour un empire, je ne retournerais pas là haut, duffé-je y être auffi beau garçon & auffi riche que vous l'étiez de votre vivant. Je ne conçois point, par exemple, comment cette fuperbe créature qui fixe en ce moment l'attention de tout l'empire fouterrain, a pu fe réfoudre à fubir l'épreuve des enchantements de Nécrarque? on ne fait par quel mic-mac, tandisque l'angélique Zéphirine faifait des efforts pour remonter, fon imbécile adorateur s'eft fi fort preffé de defcendre; il y a du mal-entendu dans tout ceci.

MILORD.

Idiot! ne te fouviendras-tu jamais que Nécrarque & ces Adeptes du même genre qui ont le funefte fecret d'agiter la Nature jufques même parmi nous, font en horreur à toute la Hiérarchie infernale & n'entreprennent rien fans éprouver de la part de celle-ci les plus contrariantes oppofitions?

JOHN.

J'ai fait auffi peu de cas de ces bruits, que des fables dont on nous berçait fur la Terre.

MILORD.

Ici, mon pauvre John, on ne plaifante point; tu verras aujourd'hui dans toute fa force & fa fureur la guerre des Enchanteurs de la Terre avec les Esprits chargés de la police des Enfers. Evoquer les Ombres, leur enlever la douceur du repos, (seul bien de celles à qui leur jugement l'a permis) c'est déjà mortifier bien sensiblement nos Puissances souterraines : mais prétendre arracher tout-à-fait de leurs domaines l'être qui y est descendu, c'est mettre le comble à l'outrage ; & Bandamor, dont la béatitude consiste à éteindre ici bas les feux de toutes les Beautés de sa caste, décédées *en état d'amoureuses*, l'ardent Bandamor a la rage dans le cœur, se voyant maintenant menacé de restituer peut-être Zéphirine, la perle de ses Houris & la plus délicieuse de ses jouissances. D'énormes paris sont ouverts : les uns prétendent que Nécrarque, en dépit de son immense pouvoir, aura du dessous dans cette affaire. Par contre, les Esprits envieux du bonheur du trop favorisé Bandamor penchent à croire que l'infatigable Nécrarque sera la plus forte : il faut voir l'événement.

JOHN.

God-dem ! voilà bien du tintammare à propos de rien ! car ces gens-là, s'ils retournaient là haut, n'y jetteront pas un beau coton. On assure, d'abord, que le bijou de nôces de la belle Morte fut tout-à fait désorganisé quand on l'embauma ; & que d'ailleurs

leurs on ne pourra jamais réparer l'énorme brèche par où l'on arracha les parties sujettes à la corruption, avec lesquelles il était impossible de la conserver, & qui sont absolument détruites.

MILORD.

Qu'à cela ne tienne; on a remis ici tout cela dans le meilleur état possible; si Bandamor est vaincu, il ne dépendra pas de lui de démolir l'admirable ouvrage de Conifex. (*a*) Mais c'est en faveur du malheureux Henri lui-même, que tout l'art de la Magie ne pourra plus rien, puisque son pauvre engin est mort tout simplement sans aucune dégradation, après avoir été inconsidérément dépouillé de sa derniere étincelle électrique. Regarde en quel honteux état voilà sa tripe inutile, exprès livrée à la risée des Enfers. Qu'il remonte là haut, ou qu'il reste parmi nous, le pauvre diable est éteint, dans cet endroit là, pour l'infinité des siecles....

Vers la fin de cette insidieuse conversa-

―――――――――――――――――――

(*a*) On supposait apparemment au Baronnet assez d'intelligence pour se représenter, d'après cette conversation, un Conifex *raccommodeur de moules*, & un Bandamor habile à y couler.

tion, dont l'infortuné Baronnet n'a pas perdu une syllabe, il a été fort incommodé du bruit qu'ont fait autour de lui des gens qui semblaient arranger des bûches.... Un coup de tonnerre terrible part & fait trembler la caverne.... *Fuyez, profanes*, crie alors une voix dont le timbre & la gravité forcent à la terreur.... La même voix, qui semble être descendue dans le caveau, continue avec moins d'éclat : „Esclaves ? hâtez-vous ! je n'ai plus qu'une minute : allumez le bucher, c'en est fait si Nécrarque survient avant que leur dépouille mortelle soit consumée. — (*On agit: le Baronnet sent qu'on le souleve... la voix continue*) Non ; détruisons d'abord les élémens matériels de celle-ci...„ — (*On entend alors*)

ZEPHIRINE, *articulant faiblement.*
Barbare ! l'oseras-tu !... Est-ce là le prix de tant de sacrifices arrachés....

LA VOIX, *avec véhémence.*
Tu m'abandonnais... Brûle, perfide. Je te condamne au néant. — Esprits qui m'êtes soumis ? obéissez.

Le Baronnet entend alors comme la chûte de la caisse de sa chere Momie sur une pile de bois, qui en serait même un peu dérangée. Il entend pétiller comme des brins

de fagots qui commenceraient à s'allumer : ═
Forcez le feu (crie la voix.) Alors, du papier
& de la paille, dont on irrite la peu confi-
dérable flamme en la foufflant, font un bruit
qui femble à l'Anglais être celui d'un fubit &
violent embrafement. — On a entendu par-
ci, par-là, quelques gémiffemens, cenfés
ceux de la victimée Zéphirine. Il ne peut
plus douter que ce foit de fa part, quand
elle a crié deux fois avec fentiment : ,, *Adieu
donc, Sir Henri : adieu pour l'éternité.* ,,
Quant à lui, comme à fon tour on le dépla-
ce & l'éleve, il commence à beugler de toute fa force... Peut-être l'outrance de cette
épreuve le ferait-elle expirer, fi foudain il
ne fe faifait.... en l'air, (relativement au
Patient, enfoncé de vingt pieds) c'eft-à-di-
re, s'il ne fe faifait au niveau du fol de la
Rotonde, un fort grand bruit d'applaudif-
femens & de cris de joie mêlés de ,, *Vive,
Nécrarque.... ils font fauvés : vive, vive Nécrarque.* ,, C'eft toute la Société joyeufe qui
a la complaifance de fe prêter à ce nouveau
coup de théâtre.

Pour lors, tout près de l'oreille du juché
Baronnet (qui s'attend à chaque feconde à
fentir l'ardeur du bûcher fur lequel il fe
croit étendu) la groffe voix de Bandamor
(car quel autre pourrait-ce être que ce mauvais Génie !) Bandamor, difons-nous, pre-

fère d'un son étouffé : ,, Puissance du Ciel! Nécrarque! & l'on m'abandonne... serais-je donc vaincu...! ,, De l'eau versée d'en haut à grands flots, & qui fait mugir les matieres enflammées, distrait le pauvre Baronnet d'autant plus désagréablement qu'il reçoit sa bonne part de cet officieux déluge.... Mais si la fraicheur salutaire du fluide ranime ses esprits près de l'abandonner, il est, au moral, encore bien mieux r'avivé quand il reconnaît la voix de sa prétendue Protectrice qui, supposée fondre d'en haut dans le souterrain, prononce avec une emphatique vigueur... ,,C'est moi... ,, (*le tonnerre qui gronde sourdement accompagne les paroles suivantes*) ,, Tu te flattais donc, Esprit impur, de balancer mon suprême pouvoir!... tu vas apprendre à connaître Nécrarque. ,,

A ces mots commence un fracas horrible : la foudre fait retentir de ses éclats le souterrain : dans le haut, on applaudit avec tumulte en exaltant le pouvoir de Nécrarque. Un bruit affreux d'Esprits.... (apparemment) hurlant & traînant après eux des chaines, annonce le châtiment de l'audacieux & vaincu Bandamor. ⹀ Ministres de mes vengeances, (poursuit la Fée, du ton du triomphe) chargez de fer cet Esprit rebelle, en attendant que j'ordonne de son sort. ⹀ Tandis que le bruit qui se fait semble confirmer qu'on exécute cet arrêt, la Fée, poliſſonne, & plus qu'eſpiegle en ce moment, s'eſt poſtée jambe de çà, jambe de là, au deſſus de la face du myſtifié Sir Henri, & l'arroſant de ſa brûlante urine, (*a*) elle articule d'un ton myſtique : ,, Loin de mon Protégé les funeſtes influences des maléfices : & que cette eau luſtrale le purge du venin de tous les enchantemens du perfide Bandamor. ,, Puis elle détache le bandeau funebre dont les yeux du *compiſſé* (*b*) Baronnet étaient bouchés. Il voit pour lors la Fée remonter ſur une eſpece de nuage. Il eſt frappé de l'horreur qui l'entoure... il frémit à la vue de cette affreuſe caverne dont les murs & la voûte croulante ſont faiblement éclairés par quelques rares lampions à l'eſprit de vin. Il meſure toute l'étendue de ſes périls, voyant éparſes autour

---

(*a*) Chez plus d'un Peuple les déjections des ſouverains Pontifes jouent un grand rôle dans les cérémonies du culte. Mais il ſerait ridicule de *citer* doctement dans un ouvrage tel que celui-ci. L'urine (& pis encore) n'eſt pas non plus dédaignée de ces *Sages* qui ſe diſent Alchymiſtes & font.... (à coup ſûr, comme on ſait) de l'or.

(*a*) *Tu m'as tout compiſſé, piſſeuſe abominable*, fait dire, ſur le théâtre, Scarron, qui ne fut gueres plus burleſque dans ſon genre que notre auteur dans le ſien. (*Note de l'Editeur.*)

de lui les pieces de ce bûcher dans lequel apparemment il devait être réduit en cendres. Cependant il remonte lui-même insensiblement, avec sa caisse, vers cette ouverture lumineuse par laquelle la toute-puissante Nécrarque a pris son essor.... A mesure que l'angle visuel s'élargit pour le Baronnet, la scene change & s'embellit. Alors se développe à ses regards l'imposante architecture de la Rotonde : il y voit circuler la plus brillante Jeunesse des deux sexes, élevant les mains & la voix vers la Fée qui semble planer au-dessus d'eux dans son nuage. Cette foule d'êtres charmans est revêtue, par dessus ses habits, de longues draperies blanches de gaze ou de mousseline, descendant du haut de la tête où elles sont fixées par des couronnes de fleurs : c'est ainsi qu'on a eu l'intention de représenter un ravissant essaim d'Ombres heureuses. Elles ont l'air aussi de prêter à l'ascension du Baronnet le plus obligeant intérêt & de lui témoigner toute la joie qu'inspire à de belles ames la délivrance d'un innocent-opprimé. C'est du moins ainsi que l'Anglais, dans sa crise qui l'égare, interprête les ris & les mouvemens convulsifs qu'occasionne dans le Temple la ridicule apparition d'un sot, emmailloté, la face mouillée d'une ablution qui fume encore ; mais du reste, transi dans ſes langes humides. Dès qu'il eſt au niveau de la plate-forme, (d'où les garde-foux ont déjà diſparu) l'ouverture ſe referme & la caiſſe ſépulchrale ſe trouve repoſer ſur une eſtrade, exhauſſée de quelques marches, qui ne reſſemblerait pas mal à un petit catafalque, ſi le tapis de velours qui la recouvre était noir & bordé de cierges, au lieu d'être vert & garni, le long des marches, de deux rangs de couſſins de ſatin-lilas. Cependant notre prétendu Mort (qui n'eſt pas encore trop ſûr de ne pas l'être & qui du moins ſe croit tout de bon au ſombre ſéjour, où, du Ténare, il vient, apparemment, de paſſer dans l'Elyſée) Sir Henri, diſons-nous, cherche des yeux parmi la troupe folâtre ſa chere Zéphirine & ne jouit point encore du bonheur de la revoir. Mais il doit préalablement avoir un moment d'entretien avec Nécrarque qui deſcend en ſa faveur de ſon char aërien. Elle eſt vêtue à la Grecque, du plus fin linon blanc parſemé de paillons & bordé de riches franges d'or. Un plaſtron, quarré, rayonnant de pierres précieuſes décore ſon buſte : ſur ſa tête elle porte une toque de Déeſſe, où brillent ſept étoiles de diamans ſurmontées d'un panache de fleurs. La troupe des Ombres heureuſes trace autour d'elle, à quelques pas, un demi-cercle, dans lequel ſe ſont avancées ſeulement deux Nymphes à ses côtés, &, par derriere, deux petits êtres masculins, en guise de Pages, (ce sont des camillons de l'hospice) qui supportent de loin l'immense queue d'une mante verte richement brodée d'or. ⹀ Eh bien, Sir Henri? (dit alors la Fée d'un ton naturel & gai sans déroger à la dignité) nous nous retrouvons encore... — Le pauvre-diable interdit ne fait trop que repliquer. — Rassure-toi, poursuit-elle. Tes malheurs touchaient à leur comble. Mon art t'en a délivré. Ta Zéphirine te fera rendue : mais parle : où veux-tu désormais fixer avec elle ton séjour. Tu te trouves parmi les Ombres; tu peux y demeurer; mais je ne saurais m'occuper de tes intérêts avec assez de suite, pour que tu fusses constamment garanti des maléfices que ne cesserait d'essayer contre toi le vindicatif & frustré Bandamor, dont la punition ne peut être éternelle. Veux-tu plutôt que, te donnant une nouvelle preuve de mon pouvoir infini, je te replace sur la Terre. Mais Zéphirine, alors, pourrait ne plus vouloir t'y accompagner. Renoncer à la félicité de l'Elysée; se soumettre à souffrir sur nouveaux frais de la rigueur des grossiers élémens qui ravageront en peu d'années sa beauté, contre laquelle au contraire le Tems ne peut plus rien ici bas; c'est un sacrifice dont il est inouï qu'une amante ait été capable : Euridice elle-même, à moitié chemin, se ravisa. Parle, Sir Henri, que choisis-tu ? — Hélas ! repliqua grelotant le pauvre Baronnet, s'il se pouvait, Grande Fée, que préalablement je fusse délivré de ces enveloppes où j'étouffe ; si l'on daignait essuyer cette eau salée qui s'insinue dans mes yeux & me fait craindre d'ouvrir la bouche, il me serait plus facile de répondre à votre obligeante invitation. = D'un signe alors Nécrarque permit que le déconfit Sir Henri recouvrât l'usage de ses membres. Il fut essuyé, lavé, seché, non sans divertir extrêmement les espiègles témoins de sa froide toilette. Il est enfin affublé d'une simarre fourrée, & coiffé d'un ridicule bonnet qui lui donne tout-à-fait l'air d'un échappé des Petites-Maisons. Un soin, non moins essenciel que celui de la purification, venait d'être pris par certain Maître de cérémonies, (le Docteur Magicien,) qui n'avait cessé de se tenir à portée. Cet homme avait fait avaler au Baronnet un petit verre d'on ne sait quelle liqueur verte, odorante, suave, exquise, mais d'une force à peine supportable. N'est-il pas tout simple que, dans l'autre Monde, on ait d'autres liqueurs que nos huiles & nos crêmes de Phalzbourg ! Une vivifiante chaleur fut en vain le prompt effet de ce merveilleux breuvage ; il ne faisait encore du bien qu'à l'eſtomac, & cependant le Baronnet continuait de chercher des yeux, dans la foule, l'objet adoré pour lequel il avait conſenti à courir tant de haſards & ſubi de ſi cruelles épreuves.... — Je te comprends, (dit au Baronnet la fauſſe Nécrarque riant ſous cape, de même que le troupeau malin qui l'entourait). Tu demandes Zéphirine ? mais le charme qui doit te remettre en poſſeſſion de cette Beauté, ne s'accomplit point encore... Ton *aimant* eſt mort... il n'eſt pas en mon pouvoir de le reſſuſciter ſeule. Cependant, Phallarque (a) eſt mon amie. Je vais l'invoquer, & j'aurais lieu de tout eſpérer ſi, parmi ces Ombres aimables, il en était d'aſſez généreuſes pour lui offrir, à ton intention, le ſacrifice ordinaire par lequel on implore ſa faveur.... = *Nous... nous... nous...* crient auſſitôt de différens côtés douze couples qui s'avancent & viennent ſe ranger ſur les piles des couſſins diſtribués autour de l'eſtrade... Alors, ſur un fauteuil qui a remplacé la caiſſe diſparue, on poſte Sir Henri de nouveau ſurpris par cette cérémonie dont il ne ſait quel doit être le dénouement. Enſuite les deux

---

(*a*) Phallarque : du Grec. C'eſt, en français, Reine, ou Surintendante des boute-joies : comme Coniſex, pour l'autre département.

accolytes de Nécrarque viennent, en souriant à-peu-près épigrammatiquement, attacher de leurs jolis doigts douze brins de soie verte au réfrogné bigarreau de l'engin du Baronnet. — Qu'il a de honte de faire, au milieu d'un Public si nombreux, la plus ridicule figure! à l'autre extrémité des brins tiennent douze anneaux d'ivoire, de fort calibre, à travers chacun desquels une Ombre masculine passe son vigoureux bontejoie, qui tout aussitôt se plante chez une Beauté, de moitié du délicieux holocauste. Ces sacrificateurs volontaires & pénétrés d'une sainte ferveur, sont MM. de Beauguindal, de Durengin, de Long-vit, de Fierepine, de Fout-en-ville, de Beaudard, de Vitaimé, de Pousse-à-fond, de Pinange, les Comte, Vicomte & Chevalier de Limefort; (*a*) sur Mesdames de Cognefort, de Fieremotte, de la Rigoliere, de Polimone, de Troumutin, de Mignonval, de l'Andouillée, de Conchaud, de l'Enginiere, de Vadouze, de Frais-Sillon & de Mattepine, (la plupart déjà connues du Lecteur.) En même tems, Nécrarque agite en l'air sa longue baguette, élevant ses regards vers le ciel & marmotant des paroles, tandis que le reste de l'assem-

___

(*a*) On se souvient que l'Ordre en possède six?

blée, un genou en terre, rit, s'embrasse, ou fait d'autres agaceries; ou parodie tout de bon le sacrifice solemnel, le tout, selon le degré de zele ou de folie dont chacun se trouve inspiré.

C'est pour le coup que l'émerveillé Sir Henri ne doute plus d'être un fortuné citoyen de l'Elysée. Or, quand il vient de prendre le plus terrible stimulant que puisse fournir l'art chymique; quand sous ses yeux se passe la plus pétulante mêlée où la fougue des desirs puisse prêter son fard aux belles formes, à la fraicheur, aux graces de la Jeunesse; quand l'air qu'il respire est embrasé des soupirs & des accens d'un cercle qui sacrifie si passionément autour de lui; peut-il ne pas renaître tout entier! & Phallarque aura-t-elle été sourde à des sollicitations si pressantes! L'œil de Sir Henri s'anime; son visage se colore; son cœur palpite; & son médiocre *aimant* enfin ne fut jamais aussi glorieusement ressuscité... Tout le monde se leve aussitôt; la voûte feuillée du Temple retentit de nouveaux applaudissemens; les noms de Nécrarque & de Phallarque sont célébrés à grands cris; un peloton s'avance, s'entrouvre & laisse voir enfin à l'éperdu Baronnet sa chere, sa belle, &, pour comble de bonheur, sa très existante Zéphirine...

Peigne qui pourra le délicieux inſtant dont jouit alors un homme dont tout le ridicule n'eut pour cauſe que ſon exceſſive ſenſibilité. Qui vit ſa joie, qui vit avec quelle crainte mêlée d'extravagans tranſports il interrogea, de ſa main tremblante, guidée par Nécrarque, le cœur de celle dont il pleura ſi longtems le malheur d'être ſéparé; qui fut ſenſible, en un mot, lui pardonna ſoudain toute ſa biſarrerie. La petite Comteſſe elle même attendrie juſqu'au fond de l'ame, ſe reprocha de n'avoir enviſagé que du côté ridicule un mortel extraordinaire qu'il convenait au contraire de beaucoup eſtimer. Cependant, il fallait entretenir encore pendant quelques inſtans l'honorable erreur du Baronnet & tirer un dernier parti de la tortueuſe manœuvre. Deja la pauvre Zéphirine était douloureuſement avertie que ſon fatal moment arrivait. Elle n'avait plus que quelques inſtans pour achever ſon rôle. Voici ce que, pour ſa derniere ſcene, on lui avait dicté : = O ſublime Bienfaitrice ! (dit-elle en tombant, avec précaution, aux pieds de la prétendue libératrice) définiſſez-moi donc mon état. Examinez-moi : d'où vient cette enflure ? d'où vient que je ſouffre un ſi cruel déchirement ? ſe pourrait il que mille fois victime des odieux tranſports du tyrannique Bandamor, je portaſſe dans mes flancs...

— Rassure-toi, ma fille, interrompit avec bonté la rusée Magicienne : Il est vrai que tu touches au moment d'être mere; mais tu n'as rien à te reprocher. La faute en est à moi seule : sachant par quel terrible ennemi j'allais être contrariée à ton sujet, & combien était douteux le succès du prodige de te rappeller sur la Terre, j'ai voulu fortifier tes principes de vie, ou plutôt les suppléer, par des principes absolument sympathiques empruntés de celui qui n'était qu'une moitié de toi-même survivante à celle qui ne respirait plus. Me défiant trop de la supériorité de notre art, j'ai fait la bévue d'outrer la force de mes enchantemens, & cette essence dérobée que j'ai fait pénétrer dans les ruines de ton individu matériel, au lieu de s'y subordonner à la marche lente de la Nature, a précipité le développement de sa fécondité : nouveau prodige qui me prouve qu'au bout de cinquante-quatre siecles d'expérience, il me restait encore quelque chose à savoir. Dans un moment tu seras Mere : mais, encore une fois, rassure-toi, Zéphirine; tu n'as outragé ni la Nature, ni l'Amour : & surtout l'exécrable Bandamor, pour qui je suis de moitié de ta bien juste haine, n'offensa jamais que l'Ombre de cette Belle, dont le fortuné Sir Henri va recouvrer la très réelle possession. ,, = Zéphirine alors s'abaissant jusqu'aux pieds de la consolante Fée, l'ébahi Baronnet crut machinalement devoir imiter ce religieux transport de respect & de reconnaissance...

Il était tems que finît cette scene magico-burlesque. Les trois quarts des assistans, bien las de se contraindre, pouvaient tout gâter par quelque subite explosion de fou-rire. La Déesse elle-même avait failli dix fois éclater. Mais, par bonheur, Zéphirine, que ses *mouches* émoustillaient de plus en plus vivement, faisait diversion; elle inspirait un intérêt général. On oublia le reste pour faire des vœux en sa faveur. Elle disparut. Quant au Baronnet, qu'on retenait sous prétexte de le féliciter de son heureuse fortune, le topique verd l'avait tellement allumé & presque enfievré que (son *bienfait* devenant inutile, vu la position de la *Moitié-chérie*) l'Esculape crut à propos d'opposer à cet effet violent celui d'une collation légere suivie d'un calmant qui ne manquerait pas d'amener un assoupissement naturel, bien différent de celui qui avait favorisé la prétendue descente du Patient au Royaume des Ombres. Sir Henri n'ayant pas encore une idée; ne sachant s'il était Esprit ou corps; s'il avait éprouvé quelque chose; si tout ce dont il se souvenait était réel, ou n'était pas plutôt un de ces songes pendant lesquels on se dit : *je dors* : Dans cet état, Sir Henri fit tout ce qu'on voulut, suivit, longtems dans les ténebres, l'Esculape & deux Ombres qui le soutenaient sous les bras; réfléchit; n'osa reparler de Zéphirine; soupa, but & dormit. Mais tout cela s'était passé dans un local absolument inconnu : N'importe, il ne lui en coûtait plus rien de passer d'illusion en illusion, de prodige en prodige.

Le lendemain, ce ne fut pas un prestige quand on le conduisit, refait, sain de corps & d'esprit, à certain petit pavillon qu'il reconnut pour sa demeure ordinaire, & dans lequel, à la même place que ci-devant occupait la châsse lugubre, était un beau lit où respirait la chere Zéphirine, entourée de Mad. Durut, de Célestine, d'une Garde & d'une nourrice donnant ses soins à un Marmot tout-à-fait bien venu. C'est pour le coup que notre homme faillit devenir encore plus fou que la veille, & qu'il fit jouir le petit nombre, qui se trouvait là, de la vraiment excellente comédie. Mais l'état de la ressuscitée ne permettait pas que cette scène durât plus d'un moment : on conduisit l'émerveillé, riant, pleurant, criant, sautant & délirant Baronnet dans une piece un peu reculée, où, veillé de près par Célestine

& Mad. Durut, il put donner un libre cours à ſes ſuperlatives extravagances.

Il eſt inutile d'apprendre au Lecteur comment finit, pour l'aſſemblée de la Rotonde, une fête dont la farce infernale de la réſurrection était le dernier acte. Chacun retourna chez ſoi, riche de plus ou de moins de plaiſir & de gloire. Heureux, en pareil cas, celui qui ne s'eſt pas piqué de voir tout-à-fait le fond du ſac!

A bon compte, le délicat Sir Henri tint exactement toutes les paroles qu'il avait données; & fit même encore au-delà, ſurtout en faveur de la belle Céleſtine, pour laquelle il n'avait rien promis d'abord. Certain d'avoir été myſtifié, jamais il n'en a fait à qui que ce ſoit le moindre reproche. Jamais il n'a fait à Zéphirine une queſtion dont elle pût être humiliée. Il l'aime, il la poſſede, il chérit l'enfant auquel elle a donné le jour. Il a fait, de la petite Comteſſe, une véritable amie, & ne l'a pas un inſtant boudée pour avoir été ſi méchamment *compiſſé* par elle dans l'infernal caveau. Loin de là: peu de tems après cet exercice abuſif de ſa toute-puiſſance magique, elle ſe trouva gratifiée d'un ſuperbe ſervice complet en argenterie, du dernier goût, que jamais le noble Sir Henri n'a voulu convenir d'avoir fait porter chez elle ... De tels procédés & toute la conduite de cet homme singulier demandent bien grace sans doute pour ce que sa passion lui a fait montrer de ridicule folie....

Fin du huitième & dernier Numéro.

POSTFACE
DES EDITEURS.

Dès la fin de 91, les Aphrodites de Paris & de la Province se préparaient à se dissoudre. Quantité d'individus, des deux sexes, s'étaient d'avance expatriés. De ce nombre, le Prince Edmont, que des circonstances infiniment heureuses avaient rappellé dans son Pays, & la nouvelle Grande-Maîtresse Eulalie qui, par des convenances inutiles à déduire, se trouvait dans le cas d'accepter enfin, sans manquer à la délicatesse, le riche legs que le malheureux Comte de Schimpfreich lui avoit destiné; cette Dame, disons-nous, & le Prince s'étaient passionnément occupés de préparer à ceux des Aphrodites, qui étaient dignes de survivre à la fraternité de Paris, un asile en Pays étranger & les moyens de placer avec avantage ce que l'Ordre conserverait encore de richesses après que tous les Frères (soit volontairement dégagés, soit congédiés) seraient remboursés. Les comptes scrupuleusement apurés, par des Frères-financiers d'une probité à toute épreuve, l'Ordre survivant se trouva riche encore de 4,558,923 livres, que des Frères-Banquiers trouverent moyen de faire sortir adroitement du Royaume. — L'industrieux M. Du Bossage s'était chargé de plus loin de dénaturer, en fait de construction, tout ce qui caractérisait l'Ordre & ses divers objets; de même que de faire parvenir à la nouvelle destination tous les détails transportables de décorations & d'ornemens. Comme presque rien n'était réel que les machines, surtout difficiles à renouveller en Pays étranger, l'entreprise du transport était moins difficile que minucieuse ; son utilité infinie l'emportait d'ailleurs sur toute espece de considération. Mad. Durut, Célestine, Fringante, & quelques Camillons des deux sexes suivirent à la file les fréquens convois. Dom Ribaudin signala, dans la conduite secrete de cette partie de l'opération, son excellente tête, sa présence d'esprit, sa vigueur de caractere, & justifia parfaitement l'honneur précoce qu'on lui avait fait, en se rangeant unanimement sous sa loi. Quand tout l'Ordre fut écoulé, corps & biens, sa feue Révérence sortit la derniere ; Elle porte aujourd'hui le nom de Martinfort, & continue à prouver qu'on peut être de très nouvelle Noblesse, avoir porté par systême un uniforme odieux, avoir même précédemment été Moine, sans être, comme certains dédaigneux le pensent, un *homme vil*, parce qu'on n'aurait pas été *fait* pour monter dans les carrosses du Roi.

La journée funeste du 10 août 92 suivit de bien près le départ de l'héroïque Martinfort. Plusieurs Aphrodites réformés périrent dans cette bagarre: un plus grand nombre d'eux encore, dont même quelques Dames, subirent les horreurs du 3 Septembre suivant ; mais par bonheur nuls Freres, nulles Sœurs, de ceux & celles que nos cahiers ont fait connaître, ne furent du nombre des victimes. En général, aucun de nos acteurs n'a mal tourné, sinon, le pauvre Trottignac : son mauvais ton ; quelques propos hardis en faveur de cette LIBERTÉ, qui promet tant aux gens sans élévation d'ame & sans fortune, ayant déplu, sur les bords du Rhin, à quelques fougueux Emigrés, envieux d'ailleurs du sort

III.

d'un pied plat, étalon de quatre jolies femmes: ces Meffieurs, difons-nous, fe perfuaderent que l'Ecuyer Trottignac était un *Propagant*. En conféquence, ils le jetterent, pour le laver, dans le fleuve; il s'y noya. On les blâma fort: tant de zèle étoit diamétralement au rebours des vues d'union & d'humanité, qu'avaient les Chefs de l'émigration, & dont ils n'ont ceffé de recommander l'obfervation à leurs nobles cohortes: mais il y avait bien d'autres abus, on n'y remédiait point: & Trottignac, à bon compte, était *ad Patres*, pour la plus grande gloire de la contre-révolution.

Les Aphrodites rénovés ont maintenant, dans un Pays que nous ne pouvons nommer, un afile délicieux, des ftatuts épurés, & des fujets d'élite. On nous a flattés d'une prochaine conceffion de matériaux pour la fuite de notre Hiftoire, ou plutôt pour une Hiftoire tout-à-fait nouvelle. Nous comptons d'autant plus fur la folidité de cet engagement que M. Vifard notre ami particulier conferve, en partage avec un Homme-de-Letttres du pays, auffi de nos amis, fon **précieux emploi** d'hiftoriographe.

F I N.

E R R A T A.

Page 8 Lig. 1 depuis je fuis, *lifez*: depuis que je fuis.

www.ingramcontent.com/pod-product-compliance
Lightning Source LLC
LaVergne TN
LVHW050601090426
835512LV00008B/1277

LES APHRODITES

OU

FRAGMENS THALI-PRIAPIQUES,

POUR

SERVIR A L'HISTOIRE DU PLAISIR.

... Priape, soutiens mon haleine...
PIRON, *Od.*

N°. VIII.

A LAMPSAQUE.

1793.

FRAGMENS.

I. AH ! QU'ON EST FOU !   Page 1
II. C'EST DE BONNE HEURE !   18
III. ON JOUE DE SON RESTE.   36
IV. VAUT-IL MIEUX ÊTRE SAGE !   58